EDITORA DO CONHECIMENTO

Auxiliando a humanidade a encontrar a Verdade

SEXO
E TRAMAS DA OBSESSÃO

SEXO E TRAMAS DA OBSESSÃO
Amanda Dubois / Hugo Martins

Todos os direitos desta
edição reservados à
CONHECIMENTO EDITORIAL LTDA.
Fone 19 3451-5440
www.edconhecimento.com.br
vendas@edconhecimento.com.br

Projeto Gráfico:
Sérgio Carvalho
Revisão:
Mariléa de Castro
Ilustração da Capa:
Shutterstock Photos

ISBN 978-85-7618-478-2
2ª edição – 2019

• Impresso no Brasil
• Presita en Brazilo

Dados Internacionais de Catalogação na Publicação (CIP)
Angélica Ilacqua CRB-8/7057

Dubois, Amanda (Espírito)

Sexo e Tramas da Obsessão / Hugo Martins ; obra mediúnica psicografada por Hugo Martins — 2ª edição – Limeira, SP : Editora do Conhecimento, 2019.

132 p.

ISBN 978-85-7618-478-2

1. Espiritismo 2.Possessão espiritual 3. Sexo – Aspectos religiosos 4. Obras psicografadas I. Título II Martins, Hugo

19-1561 CDD – 133.93

Índices para catálogo sistemático:
1. Obras psicografadas

Amanda Dubois

SEXO
E TRAMAS DA OBSESSÃO

Obra mediúnica psicografada
por Hugo Martins

2ª edição — 2019

EDITORA DO
CONHECIMENTO

Dedicatória

Dedico este livro a todos os irmãos de humanidade, encarnados e desencarnados, que ainda sofrem o desequilíbrio mental provocado pelos processos obsessivos.

Sumário

Prefácio

Antes de desempenhar a deliciosa missão de prefaciar esta obra, busquei os prováveis motivos que levaram o Dr. Hugo Martins a me distinguir com este honroso convite. A conclusão a que cheguei é que ele homenageava a todos que, como eu, amam os livros. A todos que acreditam no valor da leitura edificante em nosso processo de crescimento espiritual. Ou seria ainda o convite feito pelo fato de estarmos unidos pelos laços inquebrantáveis do amor pela Doutrina Espírita que nos irmana?

Talvez, por essas razões, fui presenteada com o prazer de ler em primeira mão *Sexo e Tramas da Obsessão*. Adorei! É muito bom ver que contamos com mais um trabalhador que, ao diversificar suas atividades, tantas e tão admiráveis, vem passear na arte da literatura romanceada.

A história se passa nos dias atuais e narra os acontecimentos de certo núcleo familiar, envolvendo principalmente as questões da sexualidade equivocada e da influência dos espíritos em nossas vidas. A obra aborda temas que desde sempre são motivos de conflitos àqueles que têm dificuldades de se apropriar de suas potencialidades divinas, tais como aborto, infidelidade, promiscuidade e os consequentes processos obsessivos ligados aos referidos comportamentos.

Em meio a toda a revolução conceituai a respeito da sexualidade e da posição que a família ocupa em relação à formação do caráter e da personalidade humana, o livro resgata a importância dos laços de amor verdadeiro que unem aqueles espíritos que retornaram à carne com a missão de vencer os seus atavismos primitivos por meio da sublimação dos sentimentos.

Mostra também a continuidade da vida após esta vida, e a ligação de alguns espíritos a pessoas menos previdentes, com o objetivo de perpetuar e satisfazer os seus desejos sexuais à *manière* de quando ainda estavam sob o invólucro de carne. A profundidade dos conceitos não sacrificou a leveza do texto, que é de fácil compreensão e agradável leitura.

Desejo dividir com vocês este prazer e também o aprendizado que nos trouxe a sensibilidade da autora espiritual Amanda Dubois. Boa leitura!

Célia Diniz
Pedro Leopoldo (MG)
25 de março de 2018.

Seja para o ato sublime de reprodução da espécie, semelhante aos animais inferiores, nossos irmãos de jornada evolutiva, ou além disso, para conhecimento e integração de duas almas afins, o sexo também é expressão de Deus.

Amanda Dubois

"Eu sei, e estou certo no Senhor Jesus, que nenhuma coisa é de si mesma imunda, a não ser para aquele que a tem por imunda".

(Romanos, 14;14)

Apresentação

O sexo é uma das mais importantes manifestações da presença divina. Pode gerar como resultado uma nova vida material – digo material, pois quando Jesus fala a Nicodemos esclarece que o que é nascido da carne é carne; e o que nasce do espírito é espírito, para que não haja dúvidas sobre a origem de cada um desses elementos: espírito e carne.[1]

No entanto, ao longo dos séculos, o tema foi se tornando "diabólico" por algumas instituições e vulgarizado por outras, o que transformou esse ato natural em motivo de grandes polêmicas até os dias atuais.

Como se comportar diante de um assunto que divide tantas opiniões, provocando também tantas confusões e problemas de ordem emocional a milhares de pessoas?

Ao longo destas singelas páginas, vamos demonstrando que a origem comum de todos os desencontros sexuais que acometem a criatura humana é a falta de conhecimento interior, associada ao antigo hábito nefasto de projetarmos nos outros as nossas próprias deficiências.

A autora

1 João3:6

Introdução

Desde a época mais remota se tem notícia do comércio das forças do sexo. Jovens mancebos e moças indiferentes ao afeto sublimado sempre se lançaram ao desregrado intercâmbio das potencialidades sexuais, mesmo antes dos famosos banquetes greco-romanos, sendo que a sociedade eminentemente patriarcal preferiu lançar o olhar fulminante para as mulheres e menos frequentemente para os homens que "ganham a vida" vendendo momentos de utilização do seu corpo.

Em todas as civilizações, com muito raras exceções, se levantam vozes para condenar essas pessoas, que pelo próprio redemoinho energético em que se encontram já estão em situação de martírio espiritual. Seria dispensável, dessa maneira, a emissão dos julgamentos e condenações antecipados por parte de pessoas que geralmente ou são usufrutuárias desses "serviços sexuais", ou desejam ardentemente ter uma experiência nesse campo e, por se sentirem culpadas por cultivar essa vibração mental, projetam seu sentimento de tristeza e angústia nesses "trabalhadores do sexo", numa espécie de vingança silenciosa.

Não é novidade para ninguém que em muitas ocasiões se descobre verdadeiros enfermos sexuais nas figuras que perante a sociedade praticamente execram as prostitutas e afins, mas que às escondidas fazem uso dos seus serviços. A pessoa humana necessita conhecer a si mesmo[2] antes de julgar os seus semelhantes.

O medicamento para todos nós vem das páginas iluminadas do Evangelho, quando Jesus pergunta à mulher que teria sido surpreendida em adultério: "Mulher, onde estão os teus acusadores? Ninguém te condenou?", respondeu ela: "Ninguém, Senhor". E disse-lhe Jesus: "Nem eu te condeno; vai e não peques mais!".[3] Ou seja, aprenda com os seus erros para dominar as suas inclinações e direcionar a sua vida para a órbita do equilíbrio e da harmonia.

---

2 *O Livro dos Espíritos* – Pergunta 919 – Qual o meio mais prático e mais eficaz para se melhorar nesta vida, e resistir aos arrastamentos do mal?
– Um sábio da antiguidade vos disse: Conhece-te a ti mesmo.

3 2 João 8:3-11

1. A prece intercessória

Estávamos reunidos em uma nobre assembleia, muito próximo à crosta planetária, quando fomos atraídos por dulcíssimas vibrações provindas da prece de uma honrada e veneranda mulher, que havia muitos anos dirigia um nobre núcleo de atividades espiritistas na cidade de Caetés.[4]

O pedido de socorro vinha de uma mãe desconsolada com a situação do filho, que embora tivesse sido iniciado no conhecimento acerca das verdades espirituais desde a tenra idade, permitia-se viver relaxado quanto aos compromissos que havia assumido ao constituir sua família.

Seu filho querido havia sido completamente abduzido do trabalho espiritual, primeiro pelas obrigações laborais, associadas à permanente necessidade de manter-se atualizado no seu ramo de atividade, o que lhe custava a ausência frequente no templo de atividades espirituais, e depois, às obrigações de esposo e pai, o que ainda não causava desconforto na de-

4 *O Livro dos Espíritos*, Pergunta 662: Pode-se orar utilmente por outrem? O Espírito daquele que ora age por sua vontade de fazer o bem. Pela prece, ele atrai para si os bons Espíritos que se associam ao bem que quer fazer. Possuímos, em nós mesmos, pelo pensamento e a vontade, um poder de ação que se estende além dos limites da nossa esfera corporal. A prece por outros é um ato dessa vontade. Se ela é ardente e sincera, pode chamar em sua ajuda os bons Espíritos, a fim e sugerir-lhe bons pensamentos e dar-lhe a força do corpo e da alma de que necessita. Mas aí ainda a prece do coração é tudo, a dos lábios não é nada.

dicada mãe.

Com o passar do tempo, cada vez que Dona Carmen sentava-se à mesa de reunião mediúnica, mais e mais entidades sofredoras apareciam, lançando ameaças à vida de seu filho Pedro. Eram tantos os cobradores que aquela senhora saía sempre do encontro com o aspecto aquebrantado. Eles revelavam que seu filho vivia uma dupla vida. Que era sórdido e despreocupado com a família. Diziam ainda que o evangelho de Jesus era para ele motivo de zombaria, tamanho descaso que dele o jovem fazia.

A velha senhora ficava com o coração sempre muito apertado quando ouvia essas acusações e se punha a chorar no caminho de casa, quando mais ninguém pudesse ver suas lágrimas escorrendo pela face, ou escutar os gemidos que emitia ao soluçar de tanta tristeza.

Numa dessas noites, após a reunião de intercâmbio mediúnico, Dona Carmem, ao chegar em casa, trancou-se no quarto, colocou-se de joelhos e se pôs a orar nos seguintes termos: – Queridos amigos espirituais, vós sabeis das lutas diárias que travo e que sou consciente de que sou feliz, pois pelo menos dessa vez, estou aproveitando a oportunidade que me foi dada por Deus para servir aos meus semelhantes. Sei também que o trabalhador fiel e confiante sabe esperar na providência divina o socorro necessário para todas as situações de adversidade em que se encontra ao longo do caminho. Mas meus amigos, perdoem as minhas vacilações, porque neste momento venho pedir por uma pessoa muito importante para mim. Sei que posso parecer petulante, dirigindo-vos uma súplica particular, mas acreditem, por nosso Senhor, que se não fosse um filho nascido do meu ventre, da mesma forma eu estaria rogando a vossa misericórdia, pois é muito triste ver uma família sendo destruída.

Nesse momento a senhora, cujos cabelos já eram todos

prateados, aumenta a sua vibração mental e permanece circundada por um halo de luz azul safira, chamando a atenção de nosso grupo socorrista, tamanha a sinceridade que emanava de seu petitório.

Decidimos examinar com todo cuidado o caso em questão e para isso necessitamos acompanhar o rapaz, que era objeto de tanto carinho por parte daquela que já se fazia merecedora de interceder pelos filhos de Deus mais desprevenidos do caminho.

Uma vez localizado o endereço de residência do jovem rebelde, propusemo-nos a estabelecer os primeiros contatos com a realidade da rotina daquele intrigante núcleo familiar.

2. Obsessão sexual

Chegamos à referida residência ao cair da noite do dia seguinte e, vencidas as dificuldades iniciais de penetrar no tálamo daquele reduto familiar, encontramos uma lamentável situação de simbiose obsessiva instalada.

Pedro é gerente de uma sólida instituição financeira e está na madureza dos seus 48 anos de idade. É um homem muito ocupado no trabalho e quando está em casa geralmente não dá muita atenção à sua mulher e aos três filhos. Quando a caçulinha, chamada Renata, de apenas cinco anos de idade, pede-lhe um pouco de carinho, ele se esquiva justificando que tem que completar em casa os trabalhos que não foram concluídos na empresa, e que disso dependia o sustento de toda a família. A menina geralmente ficava desconsolada, mas como não tinha alternativa, ia sempre para o quarto chorar em silêncio.

O executivo sempre se queixava de que ninguém o entendia. Vivia para o trabalho e para o lar e dizia sempre consigo mesmo que nem a família o valorizava, pois ouvia costumeiramente queixas em tom de crítica relacionadas ao seu excessivo regime de atividade laboral. Retrucava muitas vezes sozinho: queria ver se eu parasse de trabalhar, quem manteria essas "mordomias" que todos aqui desfrutam. E assim, de pensamento em pensamento, o nosso amigo Pedro foi se fatigando da sua rotina devida.

A essa altura, a sua esposa Raquel, que apesar de ter dois anos a menos parecia mais velha, já era vista por ele mais como sua mãe do que propriamente como esposa. Nas poucas vezes em que dedicava um pouco de sua atenção àquela criatura que vivia para a família, a olhava como alguém que examina as compleições físicas de um animal.

O rosto da sua companheira, marcado pelas rugas do tempo, associado aos fios prateados na cabeça, davam-lhe a sensação de agonia. Comparava Raquel àquelas mulheres que dividiam com ele o ambiente de trabalho, sempre bem vestidas, com roupas sociais impecáveis, emoldurando corpos esbeltos, e ficava taciturno.

Vez por outra, olhava para a esposa de perfil e se inquietava ao notar a presença daquele ventre proeminente, típico das donas de casa, que de tantos afazeres a cumprir se esquecem dos cuidados com a própria aparência física.

Não demorou muito tempo para que o nosso amigo começasse a cortejar uma jovem companheira de seu departamento institucional. A moça era uma jovem de apenas 28 anos de idade e se chamava Isabela. Com o passar do tempo, Pedro foi se consorciando com duas entidades espirituais vampirescas, que consumiam dia e noite o seu pensamento.

Nutria agora a ideia fixa de que precisava rejuvenescer. Queria se tornar mais atraente e para isso iria investir no melhoramento da sua indumentária física. Contratou uma treinadora pessoal e iniciou exercícios físicos diários, associados à utilização de roupas idênticas às de seu filho Miguel, que tinha apenas vinte anos de idade.

A partir de agora, vamos relatar a rotina de um homem teleguiado por espíritos que se nutrem da energia sexual de alguém que desconhece completamente os mecanismos de troca energética entre encarnados e desencarnados. A obsessão sexual segue o mesmo princípio da obsessão geral, ou seja, da influência que um espírito pode promover na vida de uma pessoa.

Toda a atenção de Pedro agora se voltava para Isabela. Escutava então músicas da moda e falava em gírias próprias da idade da sua nova paixão. Com a "ajuda" dos dois bandoleiros espirituais, conseguiu convencer a jovem a sair para jantar com ele. Escolheu um dos melhores restaurantes da cidade. Nunca ousara levar, nem mesmo em pensamento, a sua esposa a um local como aquele. O menu era assustador, o prato de entrada mais barato equivalia a uma semana de qualquer lauta refeição no bairro onde residia. A conta final equivaleria a um dia inteiro de trabalho. Nada disso foi contabilizado, na ânsia de conquistar a sua nova amada.

Às vezes recebia a intuição de espíritos protetores,[5] que o intuíam a se lembrar das várias vezes em que seu filho do meio, Rafael, de 15 anos de idade, lhe suplicava ajuda financeira para fazer um sonhado curso de inglês, sendo sempre admoestado, pois nunca sobrava dinheiro para tal finalidade. As contas estavam sempre apertadas, no limite mesmo. Agora "sobravam-lhe" quantias incompatíveis com os seus rendimentos para presentes, agrados e mimos para a sua protegida. Enquanto isso, na sua residência, agora começava o racionamento, desde a energia elétrica até as coisas mais básicas, como produtos de limpeza e de uso pessoal – sabonetes, shampoos, creme dental, papel higiênico e outros. Todos os utensílios básicos eram comprados utilizando como critério principal o preço, não importando a qualidade.

Os dias se passavam e as duas entidades espirituais mais

5 *O Livro dos Espíritos* – Pergunta 489– Há Espíritos que se ligam a um indivíduo em particular para o proteger? – Sim, o irmão espiritual, a que chamais o bom Espírito ou o bom gênio.

e mais "trabalhavam" para afastar Pedro de seu lar e associá-lo àquela jovem loira de silhueta estonteante, que faziam o antigo pacato dono de casa pensar 24 horas por dia em sexo.

Nada mais agora importava para aquele homem de meia idade do que curtir desesperadamente todos os momentos possíveis de prazer, a princípio sempre na hora do almoço, para não despertar a atenção das pessoas de seu convívio.

Diariamente Pedro largava às 13 horas para o almoço e se encontrava com Isabela no estacionamento da empresa, de onde juntos partiam para uma hospedaria, onde realizavam o conúbio carnal. A refeição era feita de maneira sempre muito rápida após o momento de intimidade, o que, aliado ao uso de medicações estimuladoras do apetite sexual, pouco a pouco levavam o nosso amigo ao adoecimento, agora não só da sua estrutura perispiritual, como também da sua tessitura física.

Assim estava instalado o processo de obsessão sexual...

3. Família Abandonada

A família de Pedro estava agora abandonada à própria sorte. Se antes existiam alguns escassos diálogos, agora, nos raríssimos momentos em que se encontravam reunidos, o antes tranquilo pai de família parecia estar num mundo distante.

Sequer ouvia as queixas da mulher e filhos. Resumia-se a balbuciar algumas palavras e repetir o discurso de que fazia hora extra todos os dias para complementar a renda, já que o dinheiro estava se tornando cada vez mais curto.

Os filhos Miguel e Rafael iam se acostumando àquela situação de orfandade de pai encarnado. Cada um deles tinha uma rotina, que os fazia esquecer por algum tempo que a situação em casa era estranha, pois não viam os pais terem uma vida de casal saudável, como eram acostumados a ver, pelo menos na maioria das casas de seus colegas.

Miguel, já com vinte anos, fazia o curso universitário de Direito e se preocupava mais com o seu futuro incerto em relação à profissão e às constantes desilusões amorosas, fruto de sua timidez patológica, do que propriamente com o equilíbrio do ambiente familiar. Necessitava do pai amigo e companheiro para atravessar as turbulências da sua existência, mas encontrava apenas o provedor que se limitava a fazer contas e reclamar dos custos para manter o filho na universidade.

Fazia muito tempo que o primogênito tinha momentos de profunda tristeza, quando se trancava no quarto e passava dias sem querer contato com outras pessoas. Na primeira vez que isso aconteceu, houve um rebuliço muito grande na família, sendo necessária a intervenção psiquiátrica e psicológica. Miguel falava que tinha constantes pensamentos suicidas e que apenas lhe faltava coragem para consumar o ato. Com o passar dos anos, todos foram se acostumando àquelas crises, já que nunca havia resultado num mal maior. O jovem foi sendo ignorado pela família e cada vez mais se sentia um "estranho no ninho".

Rafael era uma mente brilhante, lia cerca de quatro livros por mês – algo muito acima da média para a maioria dos jovens da sua idade. Estava próximo de completar dezesseis anos de idade e concluir o Ensino Médio. Sonhava em ser médico e mantinha o foco em estudar várias horas todos os dias, de domingo a domingo, sendo essa talvez a razão pela qual, dos três filhos, era o que menos demonstrava sentir a ausência paterna.

Muitas pessoas criticavam-no, pois ele tinha pouquíssimos momentos de lazer. Os colegas de escola o provocavam, muitas vezes questionando acerca de sua sexualidade, já que ele nunca falava de namoro, garotas e todos esses assuntos que geralmente são temas das conversações entre os jovens. Ele apresentava desde criança muitos traços de feminilidade, demonstrava uma sensibilidade acentuada, mas não se dignava contestar as acusações dos companheiros acerca de sua orientação sexual, pois achava que estaria perdendo seu precioso tempo.

A filha caçula era um caso à parte. Essa adoecia pela ausência de Pedro. Segundo informações de uma antiga amiga da família, dona Dalva, que trabalhava numa nobre instituição espírita, Renata tinha uma ligação com o pai que provinha de alguma situação pretérita. A pequenina tinha pelo genitor tanto amor que chegava a urrar nos pesadelos que tinha, em média duas vezes por semana, onde via o pai sendo arrastado por entidades perversas, ao passo que um jovem de aspecto deformado finalizava a sua desventurada noite acusando-a com palavras indescritíveis. Por isso era Renata quem chorava praticamente todos os dias antes de adormecer, quando não via o pai chegar em casa, sendo já a hora avançada na noite. E vários familiares mais distantes comentavam como eram diferentes aqueles filhos de Raquel [6]...

6 Livro intitulado *Depois da Morte*, de autoria de Léon Denis, segunda parte, capítulo 11 – "... Vemos os membros de uma mesma família, semelhantes pela carne e pelo sangue, educados nos mesmos princípios, diferenciarem-se em bastantes pontos...", " ... Se para nós tudo começasse com a vida atual, como explicar tanta diversidade nas inteligências, tantos graus na virtude e no vicio, tantas variedades nas situações humanas?...".

4. Vida difícil

Se pelo menos os dois filhos maiores iam levando a vida sem demonstrar maiores afetações, o mesmo não podemos dizer da senhora Raquel. Ela era a típica mulher que havia recebido rigorosa educação religiosa católica durante toda a infância e adolescência. Assistia às missas aos domingos com tanta devoção, que geralmente estava banhada em lágrimas quando era hora de voltar para casa.

Quando completou as suas vinte primaveras, começou a sentir a presença de espíritos ao seu redor. No início recebia intuições espirituais sobre eventos que se concretizavam logo após alguns dias. Depois começou a escutar vozes que a orientavam sobre situações da sua vida pessoal. Por último, via os espíritos se movimentando na sua casa. Alguns pareciam usar roupas claras e tinham boa aparência, enquanto outros pareciam estar rodeados por uma nuvem cinza.[7]

Passou por muitos médicos e também recebeu o conselho dos sacerdotes para pagar muitas penitências na igreja em que frequentava, mas nada fazia diminuir a sensibilidade que apresentava para perceber a presença das entidades espiri-

7 *O Livro dos Médiuns*, segunda parte, capítulo 8 – Do laboratório do mundo invisível.

tuais que cada vez mais apareciam na sua casa, na igreja que frequentava. Passou algum tempo se sentindo muito triste, pois notava que era demasiadamente diferente das moças de sua idade.

Não sentia alegria em frequentar as festas e sempre se sentia mal quando estava no meio das aglomerações humanas. Referia-se às pessoas mais íntimas como se tivesse os cinco sentidos mais apurados do que a faixa normal, quando na verdade ela apresentava o sexto sentido, o da mediunidade, que no seu caso apresentava-se de maneira bastante ostensiva.[8]

Foi levando a sua vida ora com períodos de mais calmaria, ora com fases aonde apresentava surtos de tristeza que a deixavam quase de cama. Aos 22 anos de idade, começou a trabalhar como escriturária e a dividir a sua sala de trabalho com um jovem de ideal religioso diferente do seu. Pedro era um jovem bastante tranquilo e passava muita segurança quando falava dos postulados espíritas, que para ela eram tão diferentes de tudo o que havia aprendido até então que chegava a ficar muitas vezes confusa.

O tempo foi passando e a amizade com Pedro foi se estreitando tanto que um dia ela aceitou o convite para conhecer a casa espírita que ele frequentava. A palestra pública, que naquele dia era baseada em *O Livro dos Espíritos*, foi realizada a partir da pergunta 625.[9] Ela ficou impressionada, porque nunca tinha visto ninguém falar com tanto amor do mestre Jesus. O sublime galileu naquela noite não era mais o crucificado que tinha derramado o seu sangue para salvar a humanidade. Ele era muito mais que isso. Era o governador planetário. Era nosso irmão maior, nosso guia, era de verdade

---

8 *O Livro dos Médiuns*, segunda parte, capítulo 14 – "Todo aquele que sente, num grau qualquer, a influência dos Espíritos é, por esse fato, médium".

9 *O Livro dos Espíritos* – Pergunta 625 – Qual o tipo mais perfeito que Deus ofereceu ao homem para lhe servir de guia e modelo? – Vede Jesus.

a luz que estaria presente em algum ponto do Universo sempre a nos iluminar. Sentia-se refeita de todas as suas dores e angústias. Sentia uma emoção diferente de tudo que havia vivenciado até aquela data.

Na última parte da palestra pública, o expositor citou uma passagem que iria ficar marcada para sempre em sua mente. Ele buscou em sua memória o Evangelho de Mateus, no seu capítulo 25, entre os versículos 34 e 40, quando o sublime galileu diz: "Então dirá o Rei aos que tiverem à sua direita: vinde, benditos do meu Pai! Entrai na posse do reino que vos está preparado desde a fundação do mundo. Porque tive fome e me destes de comer; tive sede e me destes de beber; era forasteiro e me hospedastes; estava nu e me vestistes; preso e fostes ver-me. Então, perguntarão os justos: senhor, quando foi que te vimos com fome e te demos de comer? Ou com sede e te demos de beber? E quando te vimos forasteiro e te hospedamos? Ou nu e te vestimos? E quando te vimos enfermo ou preso e te fomos visitar? O Rei, respondendo, lhes dirá: Em verdade vos afirmo que, sempre que o fizestes a um destes meus pequeninos irmãos, a mim o fizestes".

O impacto não poderia ter sido maior. Todas as crenças que tinha enraizadas desde a infância foram derrubadas uma a uma naquela noite. Lembrava-se triste das vezes que escutava pessoas dentro do seu ambiente religioso garantindo que nos templos espíritas aconteciam coisas tenebrosas inenarráveis.

Lembrava-se das noites em trevas que passava em claro, sentindo as presenças espirituais sem resposta à luz de sua louvável crença católica, mas que não lhe dava resposta às inúmeras perturbações. Então, naquele banco de madeira envelhecida, pôs-se a chorar e chorar todas as lágrimas que estavam contidas durante vários anos de sofrimento.

A partir daquela data, Pedro era para Raquel o amigo e

irmão, o porto seguro onde atracava a nau de suas conturbações emocionais e depositava com confiança integral todas as desditas de sua vida. Achava-se desprovida de atributos físicos e desinteressante aos rapazes de sua idade, já que apresentava muitos problemas de ordem emocional. Achava que ninguém a compreenderia na sua essência de alma feminina excessivamente sensível.

Desde cedo acostumara-se ao trabalho pesado. O pai era viciado em jogos e todos os dias espancava a sua mãe que, se achando sem alternativa de defesa, limitava-se apenas a impedir que os filhos também fossem violentados por ele, o que nem sempre conseguia. Lembrava-se com exatidão da noite em que a mãe costurava à máquina para conseguir algum dinheiro extra para a manutenção das despesas de casa, quando o Sr. Horácio chegou completamente transtornado porque havia perdido todo o seu salário numa mesa de jogo.

Raquel, com apenas doze anos de idade, vendo a situação lamentável em que seu genitor se encontrava, foi até o humilde oratório no canto da sala e se pôs a orar, rogando a Nossa Senhora de Fátima, de quem era muito devota, que tivesse misericórdia dele e de toda a sua família, e porque estivesse demasiadamente compenetrada no seu petitório, sentiu apenas parcialmente a força da chibata estalando na sua cabeça e na parte lateral de seu pescoço.

O homem de meia idade, mas com aparência exageradamente desgastada por toda sorte de abusos que fazia, desde o uso excessivo de alcoólicos até noitadas intermináveis em cabarés do subúrbio em que residia, havia passado de todos os limites e, chegando em casa, acompanhado de entidades espirituais extremamente violentas, agrediu fisicamente a mulher e todos os cinco filhos, além de destruir desde as cadeiras velhas de madeira tosca até o antigo aparelho de rádio que servia para os poucos momentos de distração daquela infeliz família.

No dia seguinte, o verdugo familiar não se lembrava de absolutamente nada e quando tomava conhecimento dos seus feitos, limitava-se a amaldiçoar os presentes, como se culpa nenhuma tivesse em relação às ocorrências. E tudo isso ainda se repetiria algumas vezes, até o dia em que, influenciado espiritualmente por entidade perversa que sempre o acompanhava no bar que quase diariamente frequentava, envolveu-se numa briga, sendo brutalmente assassinado por outro infeliz a golpes de faca.

Agora Raquel era órfã de pai e sofria ao ver que seu irmão mais velho também já se entregava ao alcoolismo. Parecia que seu pai desencarnara, deixando alguém com a irônica incumbência de dar prosseguimento à tortura para aquela mulher tão digna e disciplinada, que era a sua mãe, dona Severina. Um dia, ao ver o filho chegar em casa completamente alcoolizado, perdeu a paciência e bateu-lhe sem dó, bradando que já havia perdido o marido para o vício, mas que não admitiria perder também o filho.

No dia seguinte, o irmão orgulhoso e rebelde haveria de arrumar suas malas e partir sem destino para se desobrigar das satisfações sobre sua vida, que haveria de dar à mãe. À medida que a família foi se reduzindo com o desencarne precoce do pai através do suicídio indireto[10] e da debandada de seu irmão mais velho, o clima na casa ficou mais tranquilo, porém bastante estranho. Parecia que todos já estavam acostumados àquela tensão que sempre pairava no ar.

A rotina de Raquel era sempre a mesma. De casa, onde ajudava a sua mãe em todos os afazeres domésticos, para a escola, onde aprendia tudo o que o modesto educandário de

---

10 *O Livro dos Espíritos* – Pergunta 952 – O homem que perece vítima do abuso de paixões que ele sabe dever apressar seu fim, mas as quais ele não tem mais o poder de resistir, porque o hábito fez delas verdadeiras necessidades físicas, comete um suicídio? – É um suicídio moral. Não compreendeis que o homem é duplamente culpado nesse caso? Há nele falta de coragem e animalidade, e além disso, o esquecimento de Deus.

seu bairro poderia lhe ofertar. Aos dezoito anos concluiu o ensino médio, e como era bastante esforçada, conseguiu fazer alguns estágios em escritórios de advocacia, bem precariamente remunerados, mas que lhe deram a possibilidade de conhecer algumas pessoas que, anos mais tarde, lhe proporcionariam a oportunidade de trabalhar agora como funcionária da empresa. Lá, conheceria o amor de sua vida.

5. Desencontro de almas

Pedro era o mais novo dos quatro filhos de Dona Carmem e Sr. Cristóvão. Gozava a vida de uma típica família de classe média da sociedade local onde viviam. E se por um lado não desfrutava de luxos e regalias, por outro nunca soube o que é a ausência das necessidades básicas para a sobrevivência digna. Possuía alimentação adequada, vestimenta apropriada e algum dinheiro sobrando para atividades de lazer. Desde cedo recebia da mãe as mais importantes orientações a respeito do Evangelho do Nosso Senhor Jesus Cristo, através da fé espírita fervorosa de que sua genitora se fazia portadora. Frequentava sempre aos sábados, pela tarde, as aulas de evangelização infantil e foi aos poucos construindo uma sólida base de conhecimento, que lhe proporcionava uma forma bastante peculiar de ver o mundo.

Na adolescência, enquanto seus amigos eram fanáticos por jogos eletrônicos, que eram a novidade da época, ele passava a maior parte do tempo estudando e desde cedo mostrava pendor para a atividade caritativa. Nos sábados à noite auxiliava Dona Carmem e sua tia Lúcia na distribuição de sopa aos moradores de rua, enquanto seus colegas de bairro estavam nas lanchonetes ou nas conversações animadas nas calçadas em frente às suas casas.

Muitas vezes Pedro foi motivo de gozação nas rodas de conversas de seus colegas de classe. Alguns diziam que ele era mentalmente perturbado, outros defendiam a tese de que ele tinha algum problema na esfera sexual, já que havia completado os dezesseis anos de idade e nunca tinha sido visto com garotas ou sequer falado no assunto com quem quer que fosse. Os mais amistosos o tinham apenas na conta de um rapaz excêntrico.

Em casa, nosso amigo tinha uma família que compensava a indiferença do mundo à sua sensibilidade humana. Nutria pelos seus pais e irmãos um carinho incomum e sentia que havia reciprocidade por parte de cada um deles. Sentia-se incentivado e motivado a continuar a ver o mundo como uma grande escola, segundo a filosofia religiosa que esposava, sendo ele um dedicado aprendiz.

Pedro, aos dezessete anos, entrou na universidade e sofreu algumas influências daquele meio excessivamente intelectualizado, mas carente de preceitos morais. Distanciou-se um pouco das atividades do centro espírita e colocava sempre a justificativa na escassez de tempo, pois trabalhava de dia no escritório do tio e à noite estava na faculdade.

Dessa maneira relaxada, o jovem foi abrindo espaço para a influência de espíritos que já há muito tempo buscavam uma brecha dentro da sua vibração mental, para iniciar o processo de indução obsessiva. Antigos perseguidores do mundo invisível voltavam toda a carga sobre a emoção da sexualidade e, na ausência de uma conduta moral equilibrada, a muralha começou a ruir. E Pedro caiu.

Tânia era uma das mais jovens professoras da universidade. Contava apenas 32 anos de idade. Era dinâmica e belíssima, recém-casada, mas desde o primeiro dia de aula sentiu uma forte atração física por aquele jovem sério, que se sentava sempre na primeira fileira. Cada dia de aula era aguardado com ansiedade por aluno e professora, sem que ambos se dessem conta da embaraçosa situação.

Tudo tem um começo e foi exatamente naquela noite de aula, em que Pedro fez uma pergunta sobre o tema exposto, que Tânia sentiu-se à vontade para se aproximar mais do jovem. Não se limitou a dar a resposta curta, mas também se colocou à disposição para indicar referências bibliográficas ao final da aula, para que ele pudesse se aprofundar no assunto.

E foi assim que, após dois meses desse primeiro contato mais próximo, o nosso jovem de apenas 20 primaveras já ocupava a situação de amante da jovem professora. Eles, cada vez mais apaixonados, encontravam-se geralmente uma ou duas vezes por semana. À essa altura, Tânia havia se esquecido completamente das suas responsabilidades de uma senhora casada e Pedro já estava em completo estado de fascinação espiritual.[11]

Alguns meses transcorridos, a professora recebe a notícia de que seu esposo teria de passar dois meses num curso no exterior e infelizmente não poderia levá-la. Ela recebe a notícia com fingida tristeza e no outro dia combina com o jovem estudante para se encontrarem quase diariamente, a partir do momento em que seu consorte viajasse.

Duas semanas depois, dois dias após a viagem de Mário e certificando-se de que o esposo já havia se instalado no hotel na cidade de Miami, Tânia recebeu por longos dias o seu amante e passou a ter com ele momentos tão intensos que, após transcorridos 40 dias, resultou numa indesejável gravidez. No mesmo dia em que descobriu a gestação, o esposo lhe comunicou que teria de permanecer trabalhando no exterior quatro meses ao invés de dois, como inicialmente foi programado.

---

11 *O Livro dos Médiuns* – Capítulo 23 – item 239. "Fora erro acreditar que a este gênero de obsessão só estão sujeitas as pessoas simples, ignorantes e baldas de senso".

Pedro não mediu as consequências. Sentia-se feliz em ser pai, mesmo que esse fruto fosse resultado de uma relação extraconjugal. Tânia, ao contrário, estava pensativa. Pela primeira vez media com exatidão a extensão do seu delito. Não seria perdoada pelo seu marido, pelos seus pais e pela sociedade. Precisava de tempo para pensar e pediu para que o aluno se afastasse dela pela primeira vez desde que se conheceram.

Era uma noite de quarta-feira e a professora estava no limite de suas forças. Não conseguia conciliar o sono. Pensava 24 horas por dia, com toda sua experiência de mulher vivida, como poderia ter deixado tudo aquilo acontecer. Que loucura seria aquela que a levara a manter um grau de intimidade tão profundo com alguém tão jovem, que agora parecia exageradamente distante do que ela considerava ideal para o pai do seu filho?

Ligou de madrugada para Amélia, sua melhor amiga, e lhe contou em detalhes sobre toda sua aventura amorosa e que agora carregava no ventre um filho, fruto desse desvario. Após várias conjecturas, as amigas chegaram a conclusão de que a melhor solução para tamanho problema seria o aborto.[12]

Oito dias sem contato algum com sua amada. Pedro já nem se alimentava mais. Havia perdido alguns quilos. Pensava dia e noite na criança e nos poucos momentos em que dava alguns cochilos, via claramente duas figuras estranhas lhe apontando os dedos e comemorando a sua derrota. Acordava assustado e não conseguia mais dormir. Chorava a solidão e quando as lágrimas acabaram, resolveu voltar a frequentar a faculdade para ter alguma notícia da sua amada.

Às dezoito e trinta chegou para a aula. As salas estavam

---

12 *O Livro dos Espíritos* – Pergunta 358– O abortamento voluntário é um crime, qualquer que seja a época da concepção?
– Existe sempre crime quando transgredis a lei de Deus. A mãe, ou qualquer pessoa, cometerá crime tirando a vida da criança antes de nascer, porque está impedindo a alma de suportar as provas das quais o corpo deveria ser o instrumento.

fechadas. A universidade, de luto. Procurou sem grande interesse saber o motivo, já triste por não ter encontrado a sua professora. A secretária melancolicamente informou que não haveria aula em respeito à professora Tânia, que havia morrido em decorrência de um procedimento cirúrgico malsucedido. Quase ninguém sabia que tudo teria sido a consequência da realização de delituoso procedimento em clínica clandestina de aborto... A cabeça de Pedro rodou e ele desmaiou ao receber a notícia. Acordou algumas horas depois já na emergência de um hospital, com Dona Carmem e um de seus irmãos ao lado. Ele queria crer que tudo aquilo não passava de um pesadelo. Olhava vagamente pelo quarto, como a esperar a visita inesperada de alguém, e punha-se a chorar.

O jovem chorou por vários dias e noites, já em casa. Sempre acompanhado pelas duas entidades espirituais que ampliavam a sua tristeza, aproveitando-se do sentimento de culpa em que estava mergulhado. Havia se trancado no quarto e, após uma semana, Dona Carmem pediu inspiração aos benfeitores espirituais que sempre a acompanhavam para falar com seu filho.

Pedro não era mais nem sombra daquela pessoa tranquila e serena que a sua mãe tinha aprendido a admirar. Entrou no quarto devagar e sem falar uma só palavra, disse tudo que queria ao seu filho. Abraçou-o, envolvendo-o em seus ternos braços e orou mais ou menos assim: "Senhor, quem sou eu para te pedir alguma coisa? Tu me deste a vida, e mais do que isso, me deste a ventura de ser mãe. Sei que faço muito pouco e que não tenho o merecimento de receber ainda as tuas dádivas sublimes ao sabor do imediatismo que desejamos. Mas como sei da tua misericórdia, eu me atrevo a pedir que derrames sobre o meu filho as tuas bênçãos de paz. Se necessário for, arranques a minha vida, para que a vida do meu filho seja restituída"... Lágrimas rolavam pela face de Dona

Carmem. Os dois vampiros espirituais não puderam permanecer naquele ambiente, tamanha a luminosidade que partia da veneranda matrona. Pela primeira vez em muito tempo o seu filho dormiu uma noite inteira.

Durante a madrugada, Pedro teve um sonho revelador. Uma entidade espiritual luminosa lhe pedia para dividir o peso da sua cruz com sua mãe. No dia seguinte, o rapaz acordou mais refeito, mas ainda abalado. Dona Carmem, adivinhando a necessidade do seu filho, permaneceu durante a manhã em casa, como que já prevendo que ele iria lhe revelar as razões de tamanho sofrimento. E assim aconteceu.

Durante seis horas, Pedro contou para a mãe tudo que havia passado na sua vida desde que se envolvera com a sua professora. Relembrava com tristeza de cada detalhe, mas não se conteve no momento de falar sobre a gravidez, do distanciamento exigido pela amada e pela notícia da sua morte após realização de cirurgia de emergência. Chorava e gritava de dor...

A mãe, que além de mãe era bastante experiente no campo espiritual, desconfiou de pronto que se tratava de um processo de obsessão espiritual. Conversou com seu filho de forma firme, mas amorosa, sobre a necessidade de se levantar e seguir adiante. Lembrou os inúmeros testemunhos no Evangelho de recuperação luminosa após quedas deploráveis e o convidou para juntos fazerem uma prece por ele, pelo espírito da jovem professora e pelo espírito daquele que não havia conseguido reencarnar.[13]

No mesmo dia, os dois, mãe e filho, foram ao centro espírita para iniciar o tratamento de desobsessão de Pedro. Após longos seis meses, em que o jovem frequentou religiosamente as reuniões doutrinárias, recebeu fluidoterapia e contou com

13 *O Livro dos Espíritos* – pergunta 662 – Pode-se orar utilmente por alguém? – O espírito daquele que ora age por sua vontade de fazer o bem. Pela prece, ele atrai para si os bons espíritos que se associam ao bem que quer fazer.

o auxílio de abnegados irmãos, que nas reuniões de desobsessão conversavam com os espíritos envolvidos em seu processo de queda. Finalmente o rapaz voltou à sua condição de normalidade.

As únicas dúvidas que haviam permanecido na cabeça dele eram: como ele havia entrado em tão grave processo obsessivo, sendo conhecedor dos mecanismos de obsessão espiritual? E a outra, mais grave: como teriam sido os últimos dias de sua antiga amante? O que ela tinha pensado, sofrido e realizado naqueles dias que para ele teriam sido obscuros? Isso o tempo iria revelar.

6. O tempo

Passaram-se alguns anos e vamos encontrar Pedro bastante dedicado ao trabalho no escritório do tio e às atividades na instituição espírita, agora presidida pela sua querida mãe. Os dias corriam felizes, principalmente porque ele havia conhecido uma pessoa muito especial. Todas as noites em casa falava de alguma novidade da jovem Raquel para os seus familiares.

Contava que era uma moça de família modesta e cultura limitada, porém com valores morais inalienáveis. Seus olhos brilhavam quando pronunciava o nome da sua nova companheira de trabalho. Além de tudo, ela era portadora de uma mediunidade extraordinária e isso atraía a sua atenção sobremaneira. Estavam cada vez mais sintonizados pelos fios invisíveis do sentimento enobrecido.

Pedro sequer se lembrava mais dos graves problemas do passado. Mantinha-se firme no propósito do melhoramento interior e nas mudanças de comportamento, na busca da conquista da paz interior. Todas as noites ajoelhava-se e orava, como a sua mãe havia lhe ensinado naquele que teria sido o pior momento da sua vida até então.

Iniciou o namoro com Raquel e se sentia o homem mais

venturoso do mundo. Fez juras de amor eterno e prometeu amá-la sob quaisquer circunstâncias. Na saúde e na doença, na riqueza e na pobreza e por aí vai. A jovem, por outro lado, nunca sequer havia cogitado a possibilidade de ter alguém ao seu lado para compartilhar as suas agruras, mas agora tinha Pedro, que considerava a perfeição em figura humana, para ela, seu "tudo".

Os jovens, depois de algum tempo, noivaram e se casaram. Com pouco tempo veio o primeiro filho para coroar aquela suprema felicidade do casal. Miguel era para eles o maior presente que Deus poderia ter lhes dado. Quase cinco anos depois chegou Rafael, aumentando a família. Tudo caminhava com bastante tranquilidade. A rotina de Pedro era quase a mesma da época de solteiro. Trabalhava no escritório do tio e participava das atividades da casa espírita. Raquel agora tinha que ficar em casa para cuidar dos filhos.

Nesse tempo, Pedro recebeu um convite para trabalhar numa instituição financeira, que lhe permitiria ganhar um salário bem melhor, o que proporcionaria mais conforto para a família. Precisavam de uma casa maior e também, com a chegada de Rafael, as despesas haviam aumentado muito. Precisava ganhar mais dinheiro.

O tempo foi passando e Raquel sentindo cada vez mais a falta do marido. Pedro passou a trabalhar muito mais e ela, na maioria das vezes, ia apenas com os dois filhos para o centro espírita, atividade a que o esposo nunca faltava antes do novo emprego. O conforto material havia aumentado bastante, mas o calor humano havia diminuído na mesma proporção.

Muitas vezes, a dedicada esposa via vultos que mais pareciam sombras espessas junto a Pedro, quando ele chegava cansado do trabalho. Sentia que aquilo era algo que perturbava o marido e se punha a orar fervorosamente pela madrugada, quando todos dormiam. Via imagens reais de criaturas horríveis se dizendo cobradoras, que iriam levar o seu companheiro à loucura.

Ela fazia preces com toda a força de seu coração e não raramente as acabava envolta em lágrimas de súplica à Deus. Pedia que Ele tivesse misericórdia de sua família. Numa dessas ocasiões teve uma visão diferente. Sentiu claramente a aproximação de uma linda jovem, que ao chegar bem perto se ajoelhou e beijou as suas mãos. Então Raquel ouviu claramente a jovem suplicar: deixe-me ser sua filha! Dois meses após essa visão espiritual, a esposa de Pedro começou a sentir fortes enjoos e, como já pressentia desde aquela noite especial, estava grávida pela terceira vez.

Antes de todas as pessoas, Raquel sabia que se tratava de uma menina e que era uma situação excepcional, que ela ainda não compreendia integralmente, mas que, com sua fé incomensurável, sentia que no momento apropriado iria entender.

Sua gestação não foi das mais tranquilas. Quase sempre sozinha – e o esposo trabalhando mais e mais, preocupado com as despesas que estariam por vir com a chegada de mais uma pessoa na família. Raquel nunca tinha o sono conciliador. Quando estava prestes a adormecer, via a presença de um espírito com o rosto deformado, sempre ameaçando a sua vida e dizendo que iria perseguir aquele "monstro" que carregava no ventre e que iria lutar com todas as suas forças para impedi-la de nascer para o mundo material.

Raquel ficava assustada, pois as visões eram muito nítidas. Ela orava e lutava com toda a sua energia espiritual para ter um pouco de paz. Visitava o núcleo espírita apenas uma vez por semana, pois não tinha tempo. Os afazeres em casa a consumiam completamente. Pedia sempre para os seus companheiros de ideal religioso fazer correntes de oração por ela e por sua pequena Renata.

Finalmente chegou o dia do parto. Logo quando se iniciaram as primeiras contrações, Raquel pediu com toda a fé que possuía a presença da equipe espiritual do Dr. Bezerra de Menezes. Sentia claramente a presença do sublime facultativo ao seu lado, auxiliando-a nesse momento excelso. Após algumas horas, eis que chegou a caçula do casal Cardoso.

7. Anos difíceis

O primeiro ano da vida de Renata foi o mais difícil da vida de Raquel. Ela via todos os dias espíritos trevosos entrarem no quarto da pequenina, o que era logo seguido por gritos terríveis e choros intermináveis. As entidades diziam que iriam destruir a vida da menina e, entre essas figuras tenebrosas, estava sempre aquele desfigurado que aparecia em seus desdobramentos durante o período gestacional.

Ela perguntava o motivo de tanto ódio, mas eles somente respondiam que queriam vingança e justiça e logo depois desapareciam, quando Raquel se colocava de joelhos e orava com a sua inquebrantável fé. Nessa época, já nem tinha mais muito tempo para os outros filhos, nem para o marido e muito menos ainda para si mesma. Sabia que a pequena Renata precisava da sua atenção integral, e como mãe que havia anelado o sublime compromisso de cuidar da sua cria, fazia isso de forma irrepreensível.

O casal havia feito um pacto silencioso. Ele cuidava da parte material da família e ela da parte espiritual. Raquel sequer tinha coragem de dividir com o esposo todas as suas preocupações, pois via o companheiro chegar sempre muito cansado em casa, já bem tarde da noite. Por outro lado, Pedro não conversava com a esposa sobre a melhor forma de gerenciar os seus recursos financeiros para a família. Tomava todas as decisões no campo das despesas de casa sozinho, pois julgava a esposa incapaz de dar opiniões que fossem relevantes.

O evangelho no lar, que a família realizava com certa precariedade, agora não existia mais, pois os dois filhos mais velhos já não se interessavam mais em fazê-lo junto com a mãe. Tinham sempre outros afazeres, seja da escola ou mesmo das suas atividades de lazer. O Cristo permanecia nessa casa apenas na mente e no coração de Raquel, que muitas vezes dormia com a pequena Renata no colo, embalando-a ao som da prece de Cáritas.[14]

Ao completar três anos de idade, a pequena Renata demonstrava uma inteligência incomum para sua idade. Parecia sempre lhes adivinhar o pensamento e tinha pelo pai um apego exagerado, embora Pedro pouca atenção lhe desse, e às vezes parecesse mesmo negligente com relação ao carinho que todo pai deve dispensar aos seus filhos.

Pedro estava muito distante da família e mais ainda da sua filhinha. Não raramente, o estressado patriarca chegava a repreender a menina sem motivos aparentes, e parecia até

---

14 Prece de Cáritas – Deus, nosso Pai, que tendes poder e bondade, dai força àquele que passa pela provação, dai luz àquele que procura a verdade, ponde no coração do homem a compaixão e a caridade.
Deus, dai ao viajor a estrela guia, ao aflito a consolação, ao doente o repouso. Pai, dai ao culpado o arrependimento, ao espírito a verdade, à criança o guia, ao órfão o pai.
Senhor, que a vossa bondade se estenda sobre tudo que criastes. Piedade, meu Deus, para aquele que Vos não conhece. Permiti aos Espíritos consoladores derramarem por toda a parte a paz, a esperança e a fé.
Deus, um raio de luz, uma centelha do Vosso amor pode iluminar a terra; deixa-nos beber nas fontes dessa bondade fecunda e infinita e todas as lágrimas secarão, todas as dores acalmar-se-ão; um só coração, um só pensamento subirão até Vós, como um grito de reconhecimento e amor.
Como Moisés sobre a montanha, nós vos esperamos com os braços abertos, oh! poder, oh! bondade, oh! beleza, oh! perfeição, e queremos de algum modo alcançar a Vossa misericórdia.
Deus, dai-nos a força de ajudar o progresso, a fim de subirmos até Vós; dai-nos a caridade pura, dai-nos a fé e a razão, dai-nos a simplicidade que fará das nossas almas o espelho onde se deve refletir a Vossa imagem. (Prece publicada por Madame Krell, no livro *Rayonnements de la Vie Spirituel* (Influência da vida espiritual).

gostar de vê-la entristecida, o que causava grande comoção e sensibilidade à mãe – e médium – Raquel. Certa vez, chegou a dar algumas palmadas na pequena pelo simples fato dela deixar cair duas bolachas da mesa. Aquilo era demais para o coração sensível daquela mãe dedicada.

Suportava tudo em silêncio, lembrando do martírio dos primeiros cristãos. De dia cuidava da casa de forma impecável e de noite fazia preces para atenuar a ira dos perseguidores espirituais que agora apareciam numa frequência menor, mas que sempre davam os seus recados de forma bastante agressiva, sempre com o mesmo tom de ameaça contundente, o que lhe causava um misto de angústia e perplexidade.

Quem seria aquela alma que agora estava sob a sua responsabilidade de mãe? O que teria feito em existências pretéritas para causar tanto ódio naquelas criaturas? Por que muitas vezes quando estava dormindo, chamava o pai pelo nome de Pedro e não papai, como toda criança de sua idade? Essas eram conjecturas que traziam um certo sofrimento para Raquel, mas que eram logo dissipadas pelas suas preces e pela sua atitude de resignação em relação aos desígnios de Deus.

Não ousava questionar a ação do destino sobre as criaturas. Sabia que o acaso não existe e que todos somos movidos pelas leis de causa e efeito e ação e reação. Por isso mesmo, tinha muita compaixão dos espíritos que regularmente a visitavam e que em determinado momento chegaram a lhe informar que, devido à dificuldade que estavam encontrando para destruir o seu lar por aquele caminho, a partir daquele momento iriam concentrar todas as suas forças no esposo incauto.

Não demorou muito tempo para Raquel provar das verdades dolorosas daquelas palavras. O marido estava cada vez mais estranho. Apresentava comportamentos excêntricos e agora parecia um estranho no ninho familiar. Não havia mais nem a sombra daquele jovem que lhe apresentara a sagrada filosofia religiosa que a acalmava nos seus momentos atormentados.

8. Pedro e Isabela

Pedro se sentia o homem mais venturoso do mundo. Nem quando estava enamorado de Raquel na sua juventude se sentia com tamanha energia. Percebia a sua masculinidade exaltada e sempre que estava a sós com "Bela", apelido carinhoso pelo qual chamava Isabela, fazia questão de abraçá-la de um modo todo sensual, como se fosse uma necessidade inconsciente de se estabelecer como o "macho alfa" daquela relação. A diferença de idade sempre era um problema na mente dele. Sentia-se permanentemente "ameaçado".

À medida que o tempo ia passando e a intimidade aumentando, o nosso amigo ia ficando cada fez mais relaxado com os compromissos no lar e cada vez mais ousado, pois agora não saía mais escondido com a amante. Frequentava a maioria dos locais sem receio de ser visto por amigos ou pessoas conhecidas, embora sempre carregasse pastas do trabalho, para que aquilo servisse de desculpas, caso fosse abordado por alguém. Estaria em "reunião de trabalho"...

Seis meses após esse namoro, Pedro resolveu alugar um *flat* para Isabela. Gostaria de ter mais conforto e tranquilidade nos seus encontros. Complementaria a diferença de valores do aluguel em relação à antiga morada da amante, para que ela pudesse morar sozinha e não mais dividir o apartamento com uma amiga, como fazia até então.

Cada gesto de Pedro era comemorado efusivamente pelos Espíritos que estavam conectados a ele. O conhecimento espírita, ensinado com tanto carinho por sua mãe e vivenciado com tantas dores na sua adolescência, parecia ter desaparecido da sua mente. Precisava agora viver o hoje intensamente, como "se o amanhã não fosse mais existir".[15]

Quase nada adiantavam os conselhos de Dona Carmem, que vira o filho sofrer de forma atroz numa época remota da juventude, quando tivera sua grande desilusão amorosa, que resultou no desencarne da amante e filho. Parece que o tempo havia apagado totalmente da mente de Pedro todas aquelas noites sem dormir, a falta de desejo até de se alimentar e, por fim, até mesmo os pedidos que fazia para que Deus lhe retirasse a vida material. A essa altura, ele já falava com Raquel sobre divórcio. Estavam em camas separadas quando passava a noite em casa, e durante quatro dias da semana já dormia na casa da amante. Informava apenas que dormiria na casa de um amigo para poder adiantar as obrigações do trabalho.

Uma das entidades, que se autodenominava Drago, responsabilizava-se pessoalmente por desestabilizar completamente a estrutura do chacra genésico de Pedro, enquanto o outro Espírito atuava diretamente na mente, através dos centros de força superiores, para ter a certeza de que ele se manteria insensível às sugestões de possíveis amigos que pudessem bem orientá-lo. Todo cuidado era pouco para que o plano dessas duas entidades infelizes não falhasse. Havia um investimento de anos em jogo.

---

15 Trecho do livro Dom Quixote, de autoria de Miguel de Cervantes, onde o personagem Sancho Pança, em determinada refeição, se alimenta de quase tudo que via pela frente, como se aquele fosse o último dia de sua existência.

9. Em conversação no trabalho

A essa altura da vida, Pedro se sentia mais à vontade para falar com seu colega de trabalho, Diógenes, sobre assuntos que jamais antes ousara debater. Abordava temas da sexualidade com tamanha desenvoltura que deixava todos os que o conheciam há mais tempo completamente perplexos. A única conclusão possível por parte do colega era de que Pedro estava tendo uma vida sexual bastante ativa...

Não era raro agora ver o nosso amigo comentando sobre a importância do sexo para a saúde humana. Falava abertamente das vantagens de determinadas posições durante o ato sexual em si, dizia que a sociedade era repressora e que as religiões, ao longo dos séculos, foram tornando pecaminoso um ato que na verdade era natural. Enfim, seja qual fosse o argumento que Pedro utilizava, sempre caía no mesmo assunto.

Foi num momento de intervalo no trabalho que Marcos, um outro colega da empresa, de setor diferente, motivado pelo estímulo que Pedro dava através de suas palestras, comentou que, apesar de já ter completado trinta e oito anos, nunca havia pensado antes em se casar. Desde as 32 primaveras, fazia uso de um expediente bastante peculiar. Relacionava-se apenas com garotas de programa. O seu argumento era bastante simples. Não desejava constituir família e nem tampouco ter filhos. Sendo assim, era mais prático para ele escolher o dia e a hora para ter as suas relações sexuais. Não estaria sujeito aos impositivos da vontade de uma possível companheira e também não teria que gastar tempo para a fase da conquista, dar satisfações sobre a sua rotina de vida e todas as situações que um compromisso sério exigem.

Diógenes argumentou que por mais pragmática que fosse essa rotina que Marcos levava, ele não seria jovem para sempre e chegaria o momento em que a falta de uma companhia, com toda significação do termo, iria lhe causar um grande vazio na alma, pois as relações superficiais não somam e nem promovem o crescimento da criatura humana. Marcos sorriu sarcasticamente. Falou que naqueles tempos estava com três garotas fixas, que ele revezava de acordo com os seus desejos. Procurava fazer um rodízio, de sorte que cada semana ele tivesse relações sexuais com uma mulher diferente em relação as duas últimas vezes, pelo menos, com o objetivo de jamais se entediar. Vez por outra ele se cansava de alguma e promovia a devida substituição. Vale ressaltar que, com esse estilo de vida, ele gastava uma soma que correspondia a bem mais que a metade de seu salário.

Nos últimos seis meses, suas damas de companhia eram Cássia, Patrícia e Danubia. Todas eram mulheres belíssimas e pelo menos uma delas tinha por Marcos um sentimento que ia além da simples troca comercial. Sempre que a intimidade aumentava, ele fazia questão de colocar as garotas em seu devido lugar. Dizia que não queria saber dos pormenores de sua rotina ou tampouco de algum outro detalhe da história de suas vidas.

Identificava-se de pronto uma companhia espiritual bastante ousada ao seu lado. Apresentava-se como uma mulher, com roupa bastante sensual e que olhava para todos os que se aproximavam do rapaz em tom de ameaça, afirmando reiteradamente que aquele homem era sua propriedade e que ela o usaria como bem entendesse. Existia uma verdadeira simbiose obsessiva, com trocas permanentes de energia de baixo padrão vibracional entre eles, encarnado e desencarnada.

Era ao mesmo tempo interessante e triste ver como aquela entidade espiritual, que se chamava Samantha, dominava quase toda a esfera mental de Marcos. Era como se os dois fossem um só. A influência era tão grande que o impedia de refletir sobre as advertências de Diógenes ou os costumeiros conselhos que recebia de seu tio, que embora não tivesse tido das melhores vidas conjugais, sabia que aquela vida que o sobrinho levava não tinha o menor cabimento. Era uma vida com futuro incerto...

10. Três mulheres e um destino

Cássia, Danubia e Patrícia tinham em comum uma vida bastante difícil, ao contrário do que a maioria das pessoas possa imaginar. O dinheiro que se ganhava de maneira muito rápida, pelo ato sem preliminares, sem afeto, sem gosto e sem amor, era o coroamento de uma vida sem esperança e vazio de ideais. Eram três colegas de profissão e pelo menos as duas primeiras sonhavam com o dia em que não fosse mais necessário aquele tipo de expediente para obter o sustento.

Cássia era muito famosa no bairro onde morava e despertava o interesse das moças daquela localidade. Paloma era uma jovem filha única de apenas 20 anos. Completara o ensino médio aos 18 e, quando estava pensando em entrar na faculdade, o pai, que era viúvo, adoeceu. No início, mesmo com bastante dificuldade, iam conseguindo se manter. Depois vieram duas cirurgias, medicamentos especiais, cuidados de enfermagem em casa... E como ele recebia apenas uma mísera aposentadoria, começaram a passar fome. A princípio, alguns amigos e vizinhos os ajudaram, mas depois de alguns dias as próprias limitações daqueles benfeitores da hora fizeram com que a situação de pai e filha chegasse ao limite de terem que escolher entre comprar o alimento básico ou comprar a medicação. Nesse momento, Paloma se lembrou de uma conhecida do bairro, que trabalhava sempre à noite em alguma atividade suspeita, mas que lhe rendia o dinheiro suficiente para que sua família não passasse por dificuldades materiais.

No dia seguinte, no início da tarde, Paloma foi procurar Cássia em sua modesta, mas arrumada residência. Uma empregada recebeu-a e pediu para que aguardasse no terraço, enquanto a sua patroa não chegasse para recebê-la. Chamou-lhe atenção o fato da vivenda da colega ser completamente equipada com móveis e aparelhos eletrônicos de última geração. Era inevitável a comparação com a sua situação de miséria. Como seria possível? Viviam no mesmo bairro, tinham o mesmo grau de instrução e o idêntico estigma de ter nascido numa condição social desfavorável...

Em meio àquelas conjecturas, como que adivinhando as suas necessidades orgânicas, a funcionária daquela residência trouxe um grande copo de suco de laranja e alguns biscoitos. Paloma agradeceu, esperou a servente sair daquele ambiente, colocou praticamente todos os biscoitos na boca como se eles fossem fugir e tomou quase de uma única vez o suco. Era o retrato da miséria. Era o retrato da fome. Era o portal aberto para o comércio aviltante do sexo...

Finalmente Cássia chegou para o encontro. A experiente dama da noite fitou a jovem dos pés a cabeça e, identificando-lhe a beleza peculiar, adivinhou os interesses da visitante. Paloma contou-lhe então parte de suas desventuras da vida pessoal, da doença do pai, da penúria financeira e lhe pediu orientação e indicação de como começar o trabalho como garota de programa.

Cássia iniciou o diálogo com Paloma olhando em seus olhos, como se fosse uma irmã mais velha e, adivinhando o pensamento daquela que buscava acolhimento, falou-lhe em tom grave.

– Não estou preocupada com concorrência dos mais novos, até porque sinto cada vez mais que estou chegando ao final da minha trajetória nesse triste labor, mas tenho já há dois anos a obrigação de cumprir a promessa que fiz àquele que me restituiu um pouco a esperança de dias melhores em minha vida: vou falar exatamente como é a vida de alguém que decide "ganhar o pão" comercializando as potências da sexualidade...

Falou-lhe então das noites que teve de dormir com homens embrutecidos, das noites que teve de servir a pessoas drogadas, das vezes que estava aflita, confusa, com problemas pessoais, mas teve de fingir para servir a sua clientela. Contou-lhe da relativa melhora do padrão da vida financeira da sua família, devido ao esforço inaudito que empreendera nesse trabalho ingrato, mas dos muitos pesadelos que sofria quando adormecia pelas manhãs em casa.

Contou que certa vez, ao dormir, foi levada a uma ampla sala por um homem de meia idade, com roupas brancas como nunca tinha visto antes, onde havia uma enorme tela de TV. O homem pediu para que ela se sentasse numa cadeira translúcida que ficava a uma distância perfeita do aparelho eletrônico. De repente, as imagens projetadas eram de mulheres e crianças que choravam desesperadamente porque havia uma dama fazendo com que os homens que elas amavam muito ficassem longe de casa. Imagens que passavam sem cessar, mães e filhos com olhares melancólicos e de um desespero alucinante. Após alguns segundos, foram sendo projetadas imagens de homens que ela ia identificando um a um. Haviam sido todos seus clientes. E quando o sonho estava prestes a acabar, ainda via algumas das crianças de joelhos, rezando para seus pais voltarem para casa.

Quando acabava o sonho, ela estava completamente destruída. Sentia-se cansada, aflita, ansiosa. O pesadelo se repetiria por inúmeras vezes, sempre com aquelas mesmas mulheres e crianças. Cássia ficava apavorada. Às vezes acordava e não mais conseguia dormir. Foi então que, comentando com uma amiga sobre tudo que acontecia consigo, há pouco mais de dois anos, recebeu convite para ir ao centro espírita que ela frequentava. Lá encontrou as explicações para a maioria das situações que ocorreram em sua vida, antes e durante a trajetória nesse campo de atuação. E revelou para Paloma o que se desenrolou por lá... – Sinto-me na obrigação moral de revelar a você, com pleno conhecimento de causa, que se me fosse dada a oportunidade de recomeçar a minha carreira, por mais difícil que a vida estivesse, eu procuraria algo a fazer que não comprometesse a minha vida espiritual – arrematou Cássia com voz suave. – Hoje, mantenho ainda apenas uma relação comercial, mas que tem data para acabar. Sinto por ele enorme compaixão e estou tentando fazê-lo ver a vida pela luz do Evangelho, que aprendi a amar nas reuniões semanais do centro espírita de que participo. Desde o primeiro dia em que coloquei meus pés lá, não tive mais os sonhos terríveis que me apavoravam e cada vez mais sinto a necessidade de trabalhar para o Cristo. Hoje, trabalho com minha irmã em sua loja e apenas uma vez ou outra no mês encontro com esse amigo, que se chama Marcos, mais por compaixão do que realmente por necessidade de ordem econômica. Já recusei várias vezes o pagamento pelos momentos que ficamos juntos, mas ele insiste em pagar, argumentando que apenas quer de mim o sexo e se não fosse assim ele estaria estabelecendo uma relação distinta da que pretendia. Tenho por ele um sentimento que foge à minha compreensão. Parece que o conheço de outras existências.[16] Às vezes, talvez para me humilhar, ele me fala que tem relações com mais duas garotas de programa e que não tinha por nenhuma delas qualquer tipo de preferên-

16 Questão 222 do *Livro dos Espíritos* – Considerações sobre a pluralidade das existências.

cia. Dizia isso tragando a fumaça de um cigarro e com o olhar vago, como se estivesse divagando... Hoje, os únicos motivos pelos quais eu ainda tenho esse relacionamento com Marcos talvez seja pelo fato dele ser solteiro e também pela sensação de que tenho algum compromisso cármico com ele, pois toda vez que tento me afastar, ele implora para que eu não deixe de encontrá-lo. Não entendo porque estou abrindo tanto o meu coração e a minha vida para você, mas sinto como se fosses uma irmã mais nova...

Cássia perguntou então a Paloma se o único motivo que a levara a procurar aquele tipo de expediente era a necessidade de ordem material em seu lar, ao que a moça aquiesceu com a cabeça.

– Então eu acho que tenho a solução de imediato, enquanto buscamos algo em que você possa trabalhar de forma definitiva – ressaltou a inspirada ex-dona da noite. – Já há alguns meses faço parte do grupo de assistência social do centro espírita de que lhe falei e não será difícil para mim colocar o nome da sua família entre os assistidos, enquanto procuramos para você um trabalho com alguma de minhas amigas – concluiu. Paloma quase não acreditava nas palavras que tinha ouvido naquela tarde, ela que tantas vezes julgara Cássia uma mulher sem valores, uma mulher de vida fácil. Estava recebendo dela as lições evangélicas que nunca tivera.

Ao se despedirem, Paloma não conteve o choro. Abraçou-se com a nova amiga e chorou como se necessitasse verter todas as lágrimas contidas durante todas as vicissitudes que estava enfrentando nos últimos meses de sua vida. Chegava a soluçar de emoção. Quando já se sentia aliviada, teve a nítida impressão de que sua mãezinha, que já havia desencarnado havia quatro longos anos, acompanhava-a durante toda aquela conversação.

Uma das outras meninas que se relacionavam com Marcos chamava-se Danubia. Era uma moça completamente desajustada. Desde os 14 anos de idade, sentindo a ausência afetiva da mãe no lar, sendo órfã de pai, começou a usar álcool, drogas ilícitas e se relacionar sexualmente com vários homens e mulheres. Notando-lhe a tendência ao uso de suas energias mais primitivas de forma bastante frenética, duas entidades espirituais se revezavam em comum acordo para mantê-la ativa nesse campo de atuação.

Esse casal de espíritos estava sempre acompanhando Danubia. Satisfaziam-se com tudo que ela também se comprazia em utilizar. Desde o álcool desenfreado à tendência de se satisfazer no sexo através de orgias inomináveis. Tinha uma preferência alucinada por fazer sexo em grupo e de preferência com homens e mulheres ao mesmo tempo. Sua mente era um vulcão em erupção, alimentado pelas lavas das emissões do pensamento desses espíritos tão doentes quanto ela mesma.

Embora fosse uma jovem de apenas 23 anos, já aparentava a madureza dos trinta. Os excessos de toda ordem retiravam a beleza dos traços delicados da sua face. Da sua atividade mental partiam miasmas que traziam uma sensação desagradável para as pessoas que com ela conviviam. Entre as três garotas do nosso amigo, essa era a que Marcos mais temia. Achava-a estranha demais. Tinha receio de que ela desencarnasse de uma overdose ou algo do gênero durante os seus momentos de intimidade. Era, das três, a que lhe proporcionava mais prazer do ponto de vista físico, porém a que lhe causava sempre um sério distúrbio do sono, sempre na noite imediata ao contato privado.

Certa vez, numa dessas noites pós-relação, chegou mesmo a sonhar com um casal de espíritos que lhe amarravam os pés e as mãos e faziam dele um joguete de prazer. Sentia como se algumas mãos invisíveis lo tocassem e, quando tentava gritar, a voz não saía da garganta. Sentiu depois as duas figuras esquisitas sendo expulsas por uma outra não menos exótica, que se dizia sua "protetora". Dizia que sempre que a chamasse, ela iria estar ao seu lado, e que seu nome era Samantha.[17]

Por fim temos Patrícia, que era de uma família de classe média alta e que, encantada com a sua própria potencialidade física, decidiu que iria dela fazer uso para ganhar muito dinheiro. O cachê que cobrava era o equivalente ao das duas últimas juntas. Ela era refinada, poder-se-ia dizer que praticamente não tinha um único defeito do ponto de vista do seu arcabouço físico. Usava e abusava de sua beleza e conseguia ganhar mais dinheiro com isso, em trinta dias de atividade, mais do que muitas pessoas com boa formação acadêmica em um ano de trabalho extenuante.

Patrícia já ganhava uma mesada "gorda" dos pais e vivia nesse ramo pelo simples prazer de fazer uso do seu corpo para desprezar os homens. Adorava submetê-los à sua vontade e, nos encontros com cada um deles, ia ao êxtase ao ver que muitos dariam tudo para tê-la como sua companheira. Satisfazia-se em debochar de cada um que considerava a possibilidade de tê-la como sua de forma exclusiva.

Patrícia nunca comprou alimentos ou pagou uma conta que fosse com o dinheiro que arrecadava do comércio sexual. Divertia-se em comprar bolsas e sapatos, que custavam verdadeiras fortunas. Suas coleções de roupas teriam custado um valor que daria para comprar um apartamento para uma família pequena morar... Tudo isso era para ela motivo de en-

17 *O Livro dos Espíritos*, pergunta 466: Por que Deus permite que os Espíritos nos excitem ao mal? – Os Espíritos imperfeitos são instrumentos destinados a experimentar a fé e a constância dos homens de bem. Tu, sendo Espírito, deves progredir na ciência do infinito e é por isso que passas pelas provas do mal para alcançar o bem. Nossa missão é de colocar-te no bom caminho, e quando as más influências agem sobre ti é que as atrais pelo desejo do mal, porque os Espíritos inferiores vêm em tua ajuda no mal, quando tens vontade de praticá-lo. Eles não podem te ajudar no mal senão quando queres o mal. Se és propenso ao homicídio, terás uma multidão de Espíritos que manterão esse pensamento em ti; mas, também, terás outros que se esforçarão em te influenciar no bem, o que faz restabelecer a balança e te deixa o comando.

sandecido orgulho. Sentia-se, na verdade, superior às outras colegas de trabalho. Mantinha algumas poucas amigas, apenas para ter alguém que pudesse admirar a sua vida, os seus vestidos, suas joias, sua elegância, seu apartamento de frente para o mar, enfim, só para ter alguém bajulando-a e massageando o seu ego, cada vez mais insuflado.

11. Uma vida difícil

Marcos tivera uma infância bastante difícil. O seu pai havia se suicidado quando ele tinha apenas um ano de idade, sem que ninguém nunca cogitasse a razão para o triste cometimento, mesmo porque o genitor aparentemente era saudável, nunca tendo demonstrado sinal de desequilíbrio mental, sequer feito uso de bebidas alcoólicas. Desde então sua mãe havia se viciado em álcool, o que fez com que o Sr. Tonico, que era o avô, assumisse quase que completamente os seus cuidados.

Passaram a morar na mesma casa os avós maternos, a sua mãe, ele e mais uma irmã dois anos mais velha, chamada Sabrina. Sr. Tonico era um militar aposentado, tinha tempo disponível e cuidava desde a alimentação, a educação e a higiene, até mesmo da oração que faziam todas as noites antes de dormir. Nas vezes em que sua mãe permaneceu internada devido ao uso compulsivo do álcool, lembrava-se vividamente de seu avô chorando durante as orações, clamando que Deus tivesse misericórdia daquela família tão sofrida.

Embora Marcos amasse o avô com todas as forças de seu coração, às vezes sentia revolta com relação a seu pai. Pensava que se ele não tivesse desistido da vida, talvez sua mãe não tivesse naquela situação tão lamentável. Sentia muita falta de ambos. Sentia-se órfão, embora reconhecesse o esforço descomunal do avô para suprir todas essas ausências. Lembrava-se de certa vez quando, na escola, foi lhe pedido para desenhar a sua família e ele se sentiu o garoto mais desventurado do mundo...

Quando o jovenzinho completou oito anos de idade o avô, sensível, identificando os conflitos emocionais do neto, certa vez, colocou-o no colo e o abraçou com tanto amor que Marcos desejou que aquele momento fosse eterno. Sr. Tonico pediu para que ele ficasse em silêncio e apenas pensasse em Jesus derramando uma luz portentosa sobre eles naquele instante. Sentiu seu corpinho quente e chorou como nunca havia chorado em toda a sua vida. Era como se por alguns momentos o mundo houvesse parado. Como se toda dor não mais existisse. Não sentia seu corpo. Era como se estivesse suspenso no ar. Sentia jatos de ar entrarem pelo vértice de sua cabeça e uma sensação de ventura jamais experimentada.

Sr. Tonico, percebendo a sublimidade daquele instante, falou-lhe com muito carinho da vida de Jesus. Falou que o mestre galileu, embora tenha sido a pessoa mais sublime que houvera pisado o nosso planeta, não havia sido poupado dos sofrimentos que a vida nos reserva. Pediu-lhe para ter a coragem de viver com dignidade e que quando os maus momentos em sua vida adviessem, que ele sempre se lembrasse de orar a Deus por ajuda, e que então sentiria toda aquela paz que estava sentindo naquele dia.

Permaneceu mais alguns momentos com a cabeça encostada no peito do avô, quando ele delicadamente o afastou e, fitando-lhe os olhos firmemente, disse-lhe: – Marcos, você é o filho que eu nunca tive. Talvez mais do que isso, você é o filho que eu sempre quis ter. Você é um presente de Deus em minha vida. Sempre estarei ao seu lado. Mesmo quando eu for chamado para retornar à minha verdadeira pátria, na espiritualidade, jamais deixarei de acompanhá-lo, porque eu amo você com toda a força da minha alma e Deus jamais separa aquelas pessoas que se amam de verdade.

Marcos apenas chorava. Embora sentisse claramente o amor que seu Sr. Tonico nutria por ele, através dos pequenos gestos, das mais singelas atitudes, dos cuidados desvelados que eram patentes diariamente, quando agora eram verbalizados ganhavam uma força misteriosa. Era como se todo aquele sentimento viesse para ele condensado de uma só vez, através de todo aquele arsenal de palavras de imensurável carinho.

A partir daquele dia, um pensamento compensatório curioso haveria de dominar a esfera mental do jovem. Embora a maioria de seus amigos tivesse pai e mãe presentes em sua formação, nenhum deles teria um avô que chegasse perto do seu, em qualquer que fosse o aspecto a ser avaliado. Isso o deixava orgulhoso e fazia com que tivesse a autoestima suficientemente boa para que continuasse vivendo e acreditando em si mesmo, apesar dos diversos revezes em sua ainda tão curta vida.

O tempo foi passando. Quando Marcos completou 22 anos de idade, ao mesmo tempo em que realizou o sonho de finalizar o curso superior de administração de empresas, sendo laureado como melhor aluno de sua turma, teve aquela que seria a maior perda da sua vida. Num domingo pela manhã, seu avô e amigo Tonico teve um infarto agudo do miocárdio e retornou à pátria espiritual.

De início o jovem se sentiu sem chão, mas à medida que o tempo foi passando, as obrigações e os impositivos da vida fizeram com que o nosso amigo cada vez se distanciasse mais e mais dos ideais estabelecidos pelo Sr. Tonico. O avô muitas vezes o visitava em espírito, tentando ajudá-lo para que estabelecesse o equilíbrio emocional, mas ele não o ouvia, pois havia confeccionado uma teia exageradamente enovelada com entidades espirituais que vampirizavam as suas energias sexuais.

De tanto amá-lo o avô, depois de alguns anos de preparações, assumiu o compromisso de voltar na condição de filho, para através dos laços sublimes do amor filial, ensinar ao agora pai as lições esquecidas da responsabilidade e do compromisso que devemos estabelecer no campo da sexualidade, enobrecida quando compreendida como fonte da vida.

A equipe espiritual responsável pelo grave cometimento iniciou os preparativos. Uma das mais importantes providências seria afastar a companhia de Samantha, aquela entidade espiritual que dominava a esfera de todo o funcionamento mental de Marcos. Para isso foram recolhidas todas as informações necessárias sobre a origem da ligação entre os dois e quais as principais forças em jogo que mantinham aquele vínculo energético tão pernicioso para ambos.

Toda a ação ocorreria de forma integrada. À medida que Samantha fosse afastada de sua companhia, ele teria o campo de percepção espiritual alargado, recebendo intuições e mensagens durante o sono. Vale ressaltar que essa movimentação apenas foi possível devido ao esforço que o Sr. Tonico empreendeu a seu favor no mundo espiritual, desde o dia em que retornou à consciência plena de si.

12. Samantha

As relações entre espíritos desencarnados e encarnados se estabelecem por tão variadas razões quanto são aquelas que levam as criaturas humanas a se relacionarem entre si. No caso de Marcos e Samantha, tudo se iniciou já nos primeiros meses em que ele começou a sair com profissionais do sexo.

Samantha, que vivia do parasitismo sexual das criaturas que frequentavam o motel, foi atraída prontamente pela faixa de vibração mental de Marcos. Ela sentiu que junto a ele iria ter a possibilidade de estar sempre saciando sua necessidade sexual. Então, após curto período de tempo transcorrido, os dois já tinham imenso entrosamento de atitude mental. Ela tinha pleno conhecimento da forma do funcionamento sexual do jovem e sempre o intuía no sentido de que ele perderia a sua liberdade caso optasse por uma relação estável, ou seja, por um namoro sério. Samantha emitia sempre vibrações em forma de imagens de relações íntimas, que desnorteavam e dominavam o seu campo mental.

Naquela mesma semana, movidos pela prece sincera de Cássia em favor de Marcos, provindas de uma humilde e respeitável instituição espírita, a equipe espiritual buscou os registros da entidade que o acompanhava e identificou em Samantha a figura de uma mulher que também havia se prostituído durante a sua última existência carnal, revoltada devido a uma desilusão amorosa.

Na sua derradeira experiência carnal, Samantha trabalhava como vendedora de uma loja na grande São Paulo e estava noiva daquele que considerava o grande amor de sua vida. Quase às vésperas de seu casamento, descobriu que o noivo a estava traindo com sua melhor amiga, quando escutou por acidente uma conversa ao telefone entre os dois. Aquilo que já havia muito tempo era de conhecimento de todos, agora lhe tirava as noites de sono. Por que tanta humilhação? Então, como lhe faltava a devida educação evangélica e conhecimentos das leis naturais de causa e efeito e ação e reação, decidiu fazer "justiça com as próprias mãos" e lhe dar o troco à altura.

Samantha era uma jovem linda, para não dizer deslumbrante. Morena de olhos claros e curvas bem delineadas, chamava atenção por onde passava. Decidiu então entrar no mundo da prostituição, não sem antes alardear para suas amigas, para que o seu agora ex-noivo pudesse se sentir tão humilhado quanto ela mesma se sentia. O que a princípio se tratava de uma ação de desforra, com o tempo passou a ser o meio de vida da jovem incauta.

A existência humana é uma experiência surpreendente e quando pensamos que dominamos o nosso destino, eis que surge o inesperado. A essa altura, já na casa dos trinta e cinco anos de idade, Samantha fazia planos com relação ao seu futuro, pois havia conseguido juntar dinheiro suficiente para organizar a vida, do ponto de vista material. Ademais, já estava sentindo o peso que a idade trazia para aquele ramo de trabalho. Não era mais tão procurada quanto antes. Tinha consciência de que o momento de parar estava chegando.

Em meio a essas conjecturas, eis que surgiram os primeiros sintomas de um raro tipo de câncer, que tem uma agressividade assustadora e que lhe arrebatou a existência física em menos de dois meses, ante a sua perplexidade e revolta, subtraindo-lhe a possibilidade de reflexão sobre o que tinha feito de sua vida. Desencarnou revoltada com tudo e todos. Quase sozinha, como únicas testemunhas havia apenas a mãe, uma irmã e uma tia, por quem ela tinha verdadeira devoção pela história de vida de sofrimentos, provações e superações.

Seu último olhar durante a existência física foi para a sua tia. Teria sido ela a única pessoa na terra que a teria amado verdadeiramente. Naquele último instante, lembrou-se que a tia nunca a recriminara e, sendo bastante religiosa, limitava-se apenas a fazer preces e aconselhá-la de forma genérica, sem jamais interferir diretamente em seu livre arbítrio. Por isso tinha por ela, tia Carmela, um misto de amor e respeito.

Já na espiritualidade, após certo tempo de desorientação, ela se encontrou com uma antiga companheira de ofício, que lhe indicou uma forma de dar continuidade, no astral, às mesmas práticas a que havia se habituado quando encarnada. Aos poucos ela foi se apropriando do local onde mais tarde haveria de conhecer Marcos. Após alguns meses nesse exercício, já tinha praticamente a mesma sensação de prazer que experimentava quando possuía seu próprio corpo físico. Aprendeu a esperar o momento certo e imantava-se pelo pensamento à sua vítima, com ligações perispirituais que às vezes eram tão intensas que mais parecia se tratar de uma só pessoa durante o ato sexual. Em geral, o encarnado não sentia nada além do prazer normal, raramente percebendo naquele momento o roubo energético de que tinha sido vítima.

Naquela noite, como de costume, Samantha estava se preparando para ir ao encontro de Marcos, só que de pronto foi surpreendida por um casal de espíritos com aparência bastante idosa, porém com magnetismo arrebatador. Fizeram-lhe um convite para ir com eles a um encontro muito importante, com uma pessoa que ela muito amava e que estava muito necessitada de vê-la. De início ela quis recuar. Pensava em sua noite de prazeres e não iria de forma alguma para outro local que não fosse aquele a que estava habituada.

Então o espírito, que aparentava ser uma veneranda senhora, olhou para o companheiro, que por sua vez balançou a cabeça positivamente. Eles se viraram para Samantha e explicaram que a pessoa que desejava lhe falar era a sua tia Carmela. Havia muitos anos que procurava por notícias da sobrinha amada. E aquele dia seria uma oportunidade única de se encontrarem.

Ao escutar aquele nome Samantha estremeceu. Tanto tempo ocioso havia passado entre os espíritos desocupados no astral que nem se lembrava mais de que um dia havia sido profundamente amada por alguém. Lembrou-se do tempo em que sua antiga tia lhe trazia doces somente para a ver sorrir. Nunca se imaginara tendo a ventura de ver a tia novamente. E para alegria do casal, foi com eles sem fornecer grande resistência.

Ao chegar à instituição espírita, na qual se desenrolaria a reunião de intercâmbio mediúnico, Samantha se surpreendeu com a quantidade de espíritos guardiães que estavam de prontidão, pois nos locais que se habituara a frequentar no astral jamais havia visto tamanha organização e disciplina. O casal que levava a jovem adentrou na sala mediúnica apenas depois da devida identificação e obtenção de autorização.

Carmela já estava no local e viu quando Samantha entrou, todavia, devido à condição espiritual da sobrinha, não poderia por ela ser notada. Após cerca de alguns minutos, foi ajustada ao aparelho psíquico de um determinado médium. Após algum tempo, eis que ela se viu quase que compelida a falar através daquele jovem.

A dirigente da reunião lhe dirigiu a palavra e lhe perguntou se ela sabia o motivo pelo qual estava ali, naquela noite. Ela respondeu que lhe teria sido avisado sobre um encontro que haveria de ter com sua tia, e que agora não sabia porquê estava demasiadamente emocionada. Nesse instante, uma médium mais antiga registrou uma presença espiritual doce e suave. A veneranda Carmela, utilizando-se da médium afinada, agora chamou a sobrinha por Nina, que era seu apelido de infância. Samantha chorou copiosamente ao se sentir envolvida naquela sublime vibração da tia. Dona Carmela então lhe fez o convite para que juntas pudessem ir para a estação de reequilíbrio espiritual, onde seria assistida de forma integral. Ante aquelas rogativas amorosas, não restou outra alternativa a não ser sair daquela memorável noite abraçada com a tia.

13. Auto-encontro

Marcos apresentava sensações estranhas sem saber o motivo, desde o dia anterior, quando havia sonhado com a sua avó materna, que já havia desencarnado havia dez anos. Lembrava de uma passagem bastante vívida do sonho, em que sua avó chegava bem próximo e dizia que alguém que ele amava muito precisava "retornar" à vida na matéria, e que ele tinha que modificar o seu comportamento para assumir essa séria responsabilidade. Veio nesse instante a imagem de seu avô.

Era uma sexta-feira, véspera de um feriado nacional, quando Marcos decidiu se encontrar com Cássia para passarem a noite juntos. Havia algum tempo ele notava que ela havia modificado bastante o seu comportamento. Das três parceiras, a achava a menos atraente do ponto de vista físico, porém era sem dúvida a companhia mais agradável, embora ele sempre quisesse se convencer de que não precisava de carinho, e sim apenas sexo.

Nas últimas vezes em que ficaram juntos havia brotado um sentimento estranho em Marcos, talvez apego ou até mesmo algo mais profundo. Ele percebia que dali poderia surgir uma relação mais séria, então tratava de tomar todas as precauções para não se apaixonar. Tentava ser breve com as palavras, chegando muitas vezes a ser rude, mas Cássia parecia ter uma paciência sem limites e isso de alguma forma o atraía, mesmo contra a sua vontade.

Marcos chegou ao motel por volta das 22h e enquanto aguardava a chegada de Cássia, foi tomando alguns *drinks* e fumando alguns cigarros. Vários pensamentos chegavam à sua mente. Estava próximo de completar 40 anos de idade e, embora se achasse bastante independente e autônomo, sentia falta dos amigos que havia perdido ao longo da vida. Todos os seus antigos colegas haviam, bem ou mal, se casado e constituído família. De repente começou a pensar em como seria a sua velhice sem amigos, sem uma esposa e sem filhos para lhe fazer companhia quando a doença ou até mesmo a solidão chegasse. Por um breve instante teve uma crise ético-moral.

Imaginou que, se por um lado não estivesse enganando nem traindo ninguém com seu estilo de vida, por outro não estava estabelecendo laços de comunhão afetiva construtiva, nem para si, muito menos para as garotas que atravessaram seu caminho até então.

Relembrava os momentos felizes que tivera na infância ao lado de seu avô amoroso. Recordava-se do esforço que o velhinho fazia para compensar a ausência do pai desencarnado e da mãe, que vivia mais na clínica de recuperação para adictos em álcool do que propriamente em casa. Vinham agora à sua memória lembranças de vários momentos importantes, como a sua festa de alfabetização, quando contava com apenas seis anos de idade, e o dia em que passou no vestibular. E o avô sempre estava ao seu lado...

Não entendia o motivo pelo qual tinha aqueles pensamentos agora. A ausência de Samantha, socorrida pela sua tia na reunião de intercâmbio mediúnico, permitia que as intuições emitidas por seu espírito protetor chegassem até a sua mente, sem interrupções. Não tinha nesses minutos a influência perniciosa que lo tornava cego e surdo às admoestações do plano espiritual maior.

Quando Marcos estava completamente imerso em suas ilações, Cássia chegou para o encontro. Pela primeira vez, ele a olhou não como uma mercadoria, mas sim como um ser humano, merecedor de respeito e consideração, como qualquer outra pessoa. Não entendia bem porque o seu cérebro estava funcionando dessa forma, porém não podia deixar de constatar que se sentia bem melhor daquele jeito.

Às vezes a influência espiritual obsessiva é tão perniciosa que a pessoa perde completamente a sua individualidade, tornando-se mera marionete na mão do manipulador irresponsável. Depois de muitos anos de simbiose devastadora, naquela noite Marcos era ele mesmo. E se surpreendeu ao ver que não era tão emocionalmente indiferente quanto imaginava.

Cássia, notando-lhe o semblante completamente modificado pelos gestos de cortesia, correspondia-lhe aos bons modos com atitude de extrema candura. Lembrou-se então das suas rogativas no centro espírita, quando pedia insistentemente à espiritualidade intervenção para que Marcos alcançasse um estado de paz, ao percebê-lo sempre atormentado por algo que não sabia definir, mas que agora, com o conhecimento espírita que adquirira, imaginou ser um processo obsessivo. Realmente não estava equivocada.

Naquela noite tudo parecia mesmo diferente. Antes de sair de casa, Cássia fez uma prece fervorosa e pediu a proteção da espiritualidade para que conseguisse ajudar Marcos. Uma luz clara azulada a envolvia completamente e quando ela adentrou na alcova, Marcos sentiu uma forte emoção, que tentou esconder a todo custo, mas que se tornava pouco a pouco impossível de camuflar.

Ele tinha pedido um jantar e a refeição acabara de chegar. Nunca havia convidado a jovem antes para sentar-se à mesa com ele durante o repasto. Ela, muito feliz em ver a sua repentina modificação de atitude, sentou-se numa cadeira em frente à dele, e como já havia comido duas fatias de pizza antes de sair de casa, limitou-se a acompanhá-lo à mesa.

Ainda se servindo, Marcos encarou Cássia e lhe perguntou se ela acreditava em sonhos e se também cria que uma pessoa pudesse receber advertências ou até mesmo falar com alguém que já tivesse morrido há muitos anos. Contou-lhe então do sonho que havia tido na última noite com sua avó e das inquietações que tomavam conta dele desde então. Indagou–lhe se ela já tinha tido experiência similar e o que pensava daquilo. Nesse momento, Cássia teve a certeza de que tudo o que vinha acontecendo com ela só poderia mesmo ser um sinal de Deus. Mal podia acreditar que estava tendo a oportunidade de falar sobre esse assunto com Marcos, e muito menos que o tema estivesse sendo levantado por ele. Então, em breves palavras, contou-lhe tudo o que estava vivenciando nos últimos meses.

Relatou-lhe desde os primeiros sinais que a espiritualidade lhe enviara sobre a dor e o sofrimento das famílias cujos chefes eram arrebatados por ela, até a sua necessidade de reforma íntima, incluindo a oportunidade de ajudar pessoas que, como ela, iludiram-se ao entrar no jogo do comércio das suas potencialidades sexuais. Falou que sentia uma paz indefinível desde que começou a frequentar uma casa espírita e somente omitiu o fato de que havia colocado o nome dele no tratamento espiritual na referida instituição, pois não sabia ainda qual seria a sua reação.

Marcos estava atônito. Nunca imaginara que ela tivesse tanto conhecimento sobre um assunto que para ele era completamente ignorado. Lembrou-se que, havia três meses, ela lhe falara que havia abandonado o ofício de profissional do sexo e que estava com ele porque sentia uma emoção estranha ao seu lado. Agora aquelas palavras lhe faziam sentido. Começava a acreditar que não se tratava de um discurso vazio. Tudo parecia se encadear.

Após três horas e meia de conversação, deitaram-se na cama. E talvez pela primeira vez em toda sua vida, Marcos faz amor com uma mulher. Dormiram até o outro dia. Cássia mal podia crer quando se acordou e viu Marcos ao seu lado, dormindo feito uma criança. Foi ao banheiro e orou com gratidão a Deus pela oportunidade bendita daquele instante. Nunca havia se sentido tão feliz em toda a sua existência.

14. O deserto de Marcos

Marcos havia pedido um tempo a Cássia. Precisava pensar em tudo que estava ocorrendo com ele, entender o que se passava em sua cabeça. Prometeu-lhe que assim que estivesse mais orientado ligaria para falar mais sobre o assunto que tanto havia mexido com ele. Cássia aquiesceu, não sem antes fazer-lhe a devida indicação dos livros que ele deveria ler para entender mais profundamente aquele tema. Sugeriu-lhe iniciar por *O Livro dos Espíritos*.[18] Marcos concordou e eles se despediram com um forte abraço, que anunciava um breve reencontro.

Ao chegar em casa, por sugestão da amiga, Marcos fez uma oração, mais especificamente o Pai Nosso, que era na verdade a única que conhecia, com o intuito de iniciar seu processo de busca pelas respostas espirituais que tanto precisava. Como não era acostumado ao hábito da prece, a fez tão maquinalmente que não sentiu nada de extraordinário. De qualquer maneira era o início de uma nova etapa na sua vida e ele tinha a consciência de que o caminho seria mesmo longo.

Fez uma rápida ligação telefônica para as suas duas ou-

18 *O Livro dos Espíritos* – É o primeiro livro da codificação Espírita, publicado por Hippolyte Léon Denizard Rivail, cujo pseudônimo era Allan Kardec, em 18 de abril no ano de 1857.

tras companheiras, para justificar o fim do seu relacionamento amoroso; elas não lhe deram muita atenção, e iniciou um período "sabático", onde procuraria mergulhar na sua consciência em busca do seu "eu" perdido. Na família, e principalmente no trabalho, todos sentiam a sua mudança de atitude. Os colegas de escritório sentiam falta das piadas jocosas e achavam que algo grave havia acontecido com ele, só isso para justificar tamanha mudança de comportamento.

Como já fazia três anos que Marcos não gozava de férias, pediu à chefia o tempo que lhe era devido para que pudesse fazer uma viagem. Após uma burocracia inicial, conseguiu os trinta dias de que necessitava para ficar desconectado das pessoas com quem mantinha algum tipo de contato. Precisava ficar sozinho. Precisa de um tempo para pensar e passar a limpo tudo o que lhe perturbava a mente e impedia a sua capacidade de raciocínio.

Arrumou uma pequena mochila, que continha algumas mudas de roupa, poucos produtos de higiene pessoal e *O Livro dos Espíritos* indicado por Cássia. Tinha a certeza de que era tudo o que precisava para passar alguns dias numa distante, virgem e paradisíaca praia do Nordeste do Brasil. Lá haveria apenas o barulho das ondas do mar, com as suas alvas espumas beijando a areia no seu ritmo próprio.

De qualquer maneira, não haveria aquele ambiente sedicioso do trabalho, a que incrivelmente tanto se afeiçoara ao longo dos anos a ponto de preferi-lo ao merecido descanso das férias. Ficaria também longe do contato de seus familiares e das amigas com quem se relacionava sexualmente. Necessitava ardorosamente ficar sozinho consigo mesmo.

Nesse instante, em que vibrava nessa faixa de pensamento, surgiu a figura de Nestor, que era seu mentor espiritual. Pela primeira vez em muitos anos ele conseguiu a sintonia necessária para falar com seu tutelado, através da intuição.

Marcos recebia aquelas sugestões mentais e sentia como se uma força desconhecida e boa lhe dominasse as ações. Agia de uma forma que não era habitual para ele. Sentia uma força misteriosa lhe preencher a alma.

No dia seguinte, pegou a estrada sozinho e chegou ao seu destino já ao entardecer. O acesso à praia era tão difícil que só alguns poucos aventureiros se atreviam a chegar lá. A paisagem justificava o esforço desmensurado. O mar era tão calmo que mais parecia uma piscina de cor azul, onde mesmo a quase um metro de profundidade se poderia enxergar os pés, de tão cristalinas que eram as suas águas.

Nessa tarde Marcos fez a primeira oração verdadeira da sua existência. Naquele palco tão natural, tomado por uma força inexplicável, amou o mar, a natureza e a força que criara tudo aquilo para desfrute de cada um de nós. Admirou-se consigo mesmo. Como tudo aquilo poderia ter passado despercebido durante tanto tempo? Intrigava-se com a sua insensibilidade...

A partir dos outros dias, tudo para o nosso amigo foi um deleite para sua alma ansiosa por descobertas. Acompanhava o movimento dos pescadores e a segurança com a qual jogavam as suas redes ao mar, na certeza de que Deus lhes forneceria o alimento precioso, que também consistia em sua própria sobrevivência. Olhava admirado aquela interação do homem com a natureza e decidiu escrever um diário.

Nunca imaginara que um dia iria escrever sobre as suas próprias experiências de vida. Achava tudo estranho, mas ao mesmo tempo estava incrivelmente feliz com as sensações que percorriam a sua mente e lhe davam a impressão de que não era mais aquela pessoa que dias atrás seria incapaz de contemplar os movimentos sutis da vida, nem mesmo pela televisão.

A noite estava salpicada de estrelas e a baixa luminosidade dava uma linda impressão àquele céu litorâneo. Nesse instante, Marcos sentou-se à mesa, pegou lápis e papel e começou a desenhar a história do seu diário. Descreveu com todos os detalhes aquele dia excepcional, com notas de verdadeira poesia em cada apontamento que realizava. Mas, curiosamente, fez um prefácio onde descreveu os sonhos reveladores que tivera dias antes e a conversa mais que elucidativa com a sua amiga Cássia.

Boa parte disso era acompanhado por Nestor, que vez por outra se acercava do seu tutelado, inspirando-lhe sentimentos mais elevados. Após escrever o seu livro diário, abriu *O Livro dos Espíritos* e, já nas primeiras perguntas, encontrou respostas para indagações que assolavam a sua mente quando mais jovem e reflexivo. O que era Deus? Qual era a sua essência? E todos os questionamentos que daí derivavam sempre lhe traziam mais dúvidas que respostas. Agora, finalmente encontrava um porto seguro para a sua alma conturbada.

Os dias se seguiam com a mesma tranquilidade e ora Marcos desfrutava de passeios por trilhas, no meio de uma densa floresta que olhava para o mar, ora sentava-se na areia e punha-se a admirar aquelas águas tranquilas, que espelhavam os raios solares e transformavam aquelas distantes paragens em um quadro de raríssima beleza.

Depois de três semanas vivendo naquela praia ao estilo de um nativo, Marcos era uma pessoa completamente diferente. Deixou a barba crescer e trocou suas roupas da moda por uma calça de pano, ao melhor estilo de um pescador. Mais do que as mudanças na aparência, ele se apresentava com a alma sensível a toda sorte de questões que até pouco tempo pareceriam algo insignificante. Valorizava agora o trabalho dos artesãos, imprimindo as suas habilidades nas fantásticas obras de arte, às quais nunca dera atenção. Extasiava-se em ver o padeiro preparando o pão com tanto carinho cedo pela manhã, quando a maioria das pessoas ainda estavam dormindo. Tornara-se tão diferente que pensava consigo mesmo que nem ele próprio se reconheceria agora. Podia-se dizer que havia nascido de novo!

Eram tantas as mudanças na sua maneira de ver o mundo que se perguntava agora por onde recomeçar... Tateava os pensamentos pelo seu passado e tentava identificar os erros e falhas que havia cometido com as pessoas que haviam atravessado a sua vida. Lembrava-se agora da sua primeira namorada, que se chamava Bárbara. Passaram quase um ano juntos e quando enjoou da moça, nem sequer teve a honestidade de conversar com ela pessoalmente para anunciar a sua decisão. Mandou apenas um recado por uma amiga em comum comunicando o fim do relacionamento.

Causava-lhe agora uma profunda angústia perceber o quão era insensível nas suas relações interpessoais. Enxergava apenas os seus próprios desejos e quando perdia o interesse por alguém, subitamente interrompia os laços, sem o menor constrangimento. Imaginava os dias de sofrimento pelos quais passara ainda sua antiga namorada, sem ao menos saber o motivo do rompimento da relação.

Os últimos dias tinham servido para que Marcos, mais e mais, mergulhasse nos refolhos da sua própria consciência em busca da origem de todos os males que o afligiam. Foi numa tarde ensolarada que ele percebeu o corpo febril e uma indisposição incomum. Talvez fosse o resultado de uma exposição solar excessiva, associada ao estresse emocional que todas essas reminiscências lhe causavam.

No dia seguinte ele piorou dos sintomas. Não suportou a fadiga generalizada e demandou apressado a sua cidade, antes da data prevista, em busca de assistência médica, já que naquela localidade isolada da civilização não existia um só esculápio que pudesse lhe atenuar o sofrimento.

Marcos, na sua última semana de férias, permaneceu entre a cama de seu quarto e o banheiro. A infecção intestinal lhe causava, além de elevada febre, diarreia intensa e um mal-estar assombroso. Curiosamente, o organismo físico mais sensível devido à doença lhe deu ensejo à novas reflexões, em especial sobre a fragilidade da condição humana. Há poucos dias gozava plenamente de sua saúde. Andava na beira da praia e sentia a força do vento chocando-se com sua face; agora mal podia se levantar sozinho do leito para realizar a sua higienização matinal.

Em meio a essas ilações, lembrou-se da sua amiga Cássia. Estimulado pelas irradiações mentais provindas do seu mentor espiritual, decidiu telefonar para a jovem rediviva, a qual por sua vez se surpreendeu ao lhe notar a mudança no tom de voz, tanto quanto no conteúdo da conversação, que de monótona e repetitiva tornara-se uma verdadeira dialética filosófica.

Rapidamente Marcos a inteirou de sua condição de saúde e Cássia sentiu a necessidade de fazer-lhe uma visita, na condição de amiga enfermeira. No dia seguinte, o jovem abriu as portas do seu gracioso lar para que a moça apaixonada entrasse com pacotes de frutas, uma receita caseira para debelar seu quadro infeccioso e um livro embaixo do braço, donde facilmente se identificava o título: *O Evangelho Segundo o Espiritismo*.[19]

Após largos cumprimentos, narrativas de todos os acontecimentos e conclusões as quais ele alcançara após o seu período de retiro de férias, abriram juntos, ao acaso, uma página do livro sagrado publicado por Allan Kardec no ano de 1863, e leram a mensagem intitulada "A Paciência": "A dor é uma bênção que Deus envia aos seus eleitos; não vos aflijais, pois,

19 *O Evangelho Segundo o Espiritismo* – Esse é o livro da codificação Espírita onde se explica as máximas morais do Cristianismo, convidando-nos a vivenciá--las no nosso cotidiano.

quando sofrerdes, mas bendizei, ao contrário, o Deus todo-poderoso que vos marcou pela dor neste mundo para a glória no céu. Sede pacientes; a paciência é também uma caridade e deveis praticar a lei de caridade ensinada pelo Cristo, enviado de Deus.

"A caridade que consiste na esmola dada aos pobres é a mais fácil das caridades; mas há uma bem mais penosa e, consequentemente, mais meritória: perdoar àqueles que Deus colocou sobre o nosso caminho para serem os instrumentos dos nossos sofrimentos e colocar a nossa paciência à prova. A vida é difícil, eu o sei; ela se compõe de mil nadas que são picadas de alfinetes que acabam por ferir; mas é preciso considerar os deveres que nos são impostos, as consolações e as compensações que temos por outro lado, e, então, veremos que as bênçãos são mais numerosas do que as dores.

"O fardo parece menos pesado quando se olha para o alto do que quando se curva a fronte para o chão. Coragem, amigos, o Cristo é o vosso modelo; ele sofreu mais do que qualquer de vós e não tinha nada a se censurar, enquanto que vós tendes vosso passado a expiar e fortalecer-vos para o futuro. Sede, pois, pacientes, sede cristãos, essa palavra encerra tudo". (Um Espírito Amigo, Havre, 1862).

Cássia, intuída pelo espírito protetor de Marcos, sugeri que daquele momento em diante se lembrasse sempre daquela mensagem, para que suas dores lhe parecessem menores do que realmente eram em essência.

15. O jovem redivivo

Marcos voltou ao trabalho e apenas após dois dias de convivência com os companheiros, tornou-se vítima de todos os tipos de achaques pelos antigos colegas, que o rotulavam desde usuário de maconha até mesmo homossexual não-declarado. Nas conversas nos intervalos, sempre o nome dele estava nas rodas de fofocas. Era a sensação do momento. O mais impressionante é que o nosso jovem amigo estava alheio a tudo isso, pois estava gravitando numa faixa vibracional bem mais elevada em relação aos seus amigos de labor.

Sempre às terças e sábados, o jovem converso comparecia acompanhado de Cássia a um núcleo espírita, situado na periferia de seu bairro. As palestras sempre possuíam um conteúdo edificante e o arremessavam a uma necessidade quase irresistível de mudança, ou melhor, transformação da sua interioridade. Depois da palestra pública tomavam o passe fluídico,[20] após o qual sempre saiam mais revigorados.

Foi numa dessas noites que Marcos reconheceu a dirigente das atividades daquele núcleo de atividades cristãs. Ela era a mãe de Pedro, um de seus colegas de trabalho. Marcos se dirigiu a ela com o intuito de agradecer por toda a assis-

20 O passe magnético é a transfusão de energia fluídica vital ou espiritual, utilizando-se em geral a imposição das mãos.

tência que estava recebendo naquela veneranda instituição e, para sua surpresa, recebeu o convite para participar de uma reunião de estudos doutrinários uma vez por semana.

O jovem estava cada vez mais distante daquele antigo homem dissoluto e apresentava agora gérmen de virtudes jamais imaginadas alguns meses antes. Estava começando a permitir que a sua luz brilhasse, numa apologia a determinada passagem evangélica, onde o mestre nos exortava ao esforço para que deixemos desabrochar o que há de melhor em cada um de nós.[21].

Via a sua própria transformação sendo sedimentada dia após dia e agora se lembrava de um antigo amigo de sua família, que conhecera quando ainda era criança. O Sr. Manoel Amaro era um homem tão prudente e equilibrado emocionalmente, que era difícil acreditar em tudo que diziam que ele havia feito antes de se converter a determinada corrente da religião protestante.

Contava-se que ele muitas vezes deixava todos da sua família bastante aflitos, pois ao invés de voltar para sua casa depois do trabalho, permanecia por longas horas de boteco em boteco, até que aparecesse alguma dama de companhia para ele finalizar a noite de ausência no lar. Nas vezes que voltava para casa mais cedo, parecia estranho, sem afeto, algumas vezes ríspido, e outras até mesmo agressivo com a mulher e filhos.

E foi assim levando a sua vida, o nosso amigo Manoel, até que um dia, sentiu uma voz gritar dentro da sua cabeça: hoje vai ser diferente! Percebia algo estranho em seu pensamento. Já havia se programado a passar a noite numa festividade com mais um amigo de trabalho e duas mulheres que havia conhecido numa noitada precedente. Folgava-se dos compromissos familiares, pois tinha uma atração irresistível por sexo

21 Mt 5.16 -Assim brilhe também a vossa luz diante dos homens, para que vejam as vossas boas obras e glorifiquem a vosso pai que está nos céus.

e álcool. Arrependia-se do fato de ter constituído uma família e descontava esse desgosto nas noites infindáveis de bacanais.

Nessa manhã especialmente, ele sentia que algo mais forte dominava a esfera de suas emoções. Uma veneranda entidade espiritual, que havia sido sua irmã em encarnação anterior, acercava-se dele e infundia-lhe pensamentos incomuns. Refletia sobre suas ações e comportamentos e sentia um vazio existencial incontrolável.

Após o dia de trabalho, caminhava sem convicção para o endereço do seu compromisso, e quando foi chegando a alguns metros da entrada da casa de espetáculos, escutou uma forte voz dizendo: Jesus! Virou a cabeça e se deparou com uma igreja, onde havia a seguinte inscrição na parte central: Deus é amor! A sua cabeça começou a girar, as pernas tremiam, e ele sentia agora uma vontade incontrolável de chorar. Foi caminhando lentamente em direção à porta da igreja e ficaria com a vívida recordação da figura transfigurada do pastor gritando: Ele veio! Eu disse que hoje ele vinha, porque Deus é maior! A espiritualidade maior atua de diversas maneiras na tentativa de auxiliar a humanidade a progredir na senda dos valores sublimados, seja através de uma fé raciocinada ou daquela que oferece momentaneamente os recursos necessários à criatura humana permanecer de pé em frente aos inúmeros desafios existenciais.

Desde então, toda a vida de Manoel se tornou pautada nas diretrizes da sua religião, e foi tão radical a mudança no seu estilo de vida, que custava muito compreender como alguém numa mesma encarnação poderia apresentar tamanha transformação.

Marcos tinha dentro de si uma mistura de descrença e desconfiança em tudo que se dizia a respeito do Sr. Manoel. Olhava para dentro de si mesmo agora e via o antigo amigo da família. Que grandiosos recursos teria Deus em sua infinita misericórdia, para trazer de volta aos seus braços os filhos pródigos que teimavam em fugir do aprisco divino? Transformava dessa forma o antigo despeito em profunda identificação de valores. Trazia essas recordações em boa hora. Era preciso desenvolver uma virtude chamada alteridade. Era necessário não apenas aceitar, mas compreender e amar a todas as pessoas que atravessam o caminho das nossas existências, independentemente de suas crenças ou estilos de vida.

16. Notícias tristes

Foi com bastante pesar que Marcos tomou conhecimento de que Danubia, uma de suas antigas parceiras sexuais, havia desencarnado num quarto de motel devido a uma overdose. A notícia lhe caía como uma bomba. Culpava-se, pois talvez naquele momento tivesse condições de ajudá-la, aconselhando-a e indicando alguma maneira de tratar e abandonar o vício que a levaria ao desencarne prematuro.

Quantas vezes deitou-se na mesma cama da jovem desequilibrada, fingindo não ver a situação limítrofe da companheira ocasional em relação ao uso das drogas ilícitas... Avaliava a extensão de sua omissão e ficava imaginando o sofrimento daquela alma, que nunca devia ter encontrado alguém para lhe fazer qualquer tipo de advertência a respeito de sua desvairada maneira de viver.

A segunda notícia, não menos bombástica do que a primeira, dava conta de que Patrícia, a jovem burguesa com quem mantinha relações relativamente ocasionais, estava bastante deprimida, pois seu pai abrira falência e teve de se desfazer de todos os bens da família para quitar os débitos – e como resultado a jovem tinha se tornado tão pobre quanto uma camponesa, da noite para o dia.

Por várias vezes a jovem pensou em suicídio. E quando já se encontrava na reserva de suas forças, lembrou-se do antigo companheiro de aventuras. Seu espírito protetor lhe intuía que fizesse uma ligação telefônica para Marcos e ela considerava tão absurda a ideia que, por mais três dias, resistiu sozinha à dor da privação material, que não havia experimentado até aquele momento de sua vida.

Mais um dia de agonia e Patrícia decidiu ligar para Marcos, que prontamente se colocou a disposição para ajudá-la. A jovem lhe contou sobre toda a desventura que estava enfrentando e, durante mais de duas horas ao telefone, sentiu-se tanto à vontade que resolveu desnudar a sua alma, como nunca havia feito para ninguém.

Marcos, por sua vez, a acalmava, explicando que tudo que ela estava passando era apenas uma provação e que em breves dias ela estaria se sentindo bem melhor. Falou-lhe da grandeza de Deus, das leis imutáveis de causa e efeito e da lei de ação e reação. Ela ficou mais serena e aceitou o convite de acompanhá-lo, juntamente com Cássia, em uma visita ao centro espírita, na semana seguinte. Ao desligar o telefone, o nosso amigo se recordou de uma frase que havia lido no mural da instituição Espírita da qual fazia parte: "Não se agaste se alguém só lhe liga quando precisa, talvez você seja a única luz que ela encontra na escuridão".

O jovem agora percebia em cada pessoa que o procurava uma oportunidade de redenção pessoal. Agradecia a Deus, através do trabalho incansável de evangelização das criaturas, pelas suas doces palavras. Tentava a todo custo não se lembrar do passado com tristeza, pelas chances perdidas de fazer o bem. Procurava apenas focar a sua mente na proposta de reformulação de seus valores mais íntimos, respeitando o tempo de cada pessoa, inclusive exercitando em si mesmo essa nova maneira de enxergar o mundo.

Fortalecia a sua fé lendo a história do cristianismo primitivo, dos mártires que levaram a sua crença até as últimas consequências. Percebia que não teria sido por acaso que Jesus escolheu Saulo de Tarso para levar o seu evangelho de amor, por todo o Ocidente. Era necessário que o mundo tivesse o exemplo de alguém que, após um período de violenta perseguição contra o sublime redentor, se colocasse completamente submisso à sua vontade. Isso tranquilizaria os corações tomados pelo desânimo e pelo arrependimento. Todas as vezes que alguém desejasse a mudança do seu paradigma consciencial, para seguir as diretrizes de amor ensinadas pelo Cristo planetário, encontraria o exemplo de transformação deixado pelo antigo doutor da lei.

Marcos lia todos os dias sobre alguma passagem das sagradas escrituras, mas sempre finalizava o estudo com um trecho que aprendeu a admirar, uma passagem bastante conhecida de uma das epístolas do apóstolo dos Gentios, que diz exatamente assim: "Logo, já não sou eu quem vive, mas Cristo vive em mim".[22]

22 Gal.2.20

17. Labor espírita

Passou-se um bom tempo e Marcos agora estava noivo de Cássia, com quem já fazia planos para se casar. Dedicava-se mais e mais às atividades no centro espírita. Fazia seis meses que coordenava as atividades de passes magnéticos daquela instituição e pelo menos três vezes por semana atendia aos sofredores que o procuravam com suas diversas demandas. Nesse tempo, descobriu-se portador de uma capacidade extraordinária de identificar os centros de força dos consulentes e aplicar-lhes a energia necessária ao reequilíbrio de suas atividades.

Era um sábado de atividade naquela nobre instituição espírita. Marcos estava na sala de passes magnéticos quando lhe chegou uma mãe desesperada chamada Raquel, com sua pequena filha, que era neta da dirigente do centro. Renatinha, como era chamada, contava agora com seis anos de idade, adoecera sem que a medicina fornecesse as devidas explicações para o seu padecimento, e após longo período de investigação clínica e laboratorial, os facultativos acreditaram que se tratava de uma doença psicossomática.

A criança não se alimentava bem e não tinha disposição para qualquer atividade física ou de lazer. De toda a dinâmica familiar, a única ocorrência que chamava a atenção era a ausência do seu querido pai de praticamente toda a rotina da casa. Ele já não cantava as canções de ninar na hora da criança dormir, nem tampouco a levava aos parques nos finais de semana. A pequena sentia tanta falta do pai que às vezes se acordava no meio da madrugada gritando pelo seu nome.

Após essa escuta, Marcos aplicou as suas delicadas mãos a uma certa distância de cada centro de força da menininha, concentrou-se e pediu a Jesus que a amparasse em suas dificuldades. Naquele momento, interiormente rogava a Deus como se fosse para uma filha que ainda não tinha o ensejo de embalar em seu colo. Ao final, a criança dormia tranquilamente nos braços da mãezinha.[23]

Terminada a sessão, Marcos, intuído pelo benfeitor espiritual da instituição, sugeriu uma visita da equipe do centro espírita à casa da criança com o objetivo de fazer um evangelho no lar. A ideia era que, a partir de então, Raquel pudesse estabelecer um ambiente mais harmonioso em sua casa através daquela prática que remonta ao cristianismo primitivo, quando os ensinamentos do mestre galileu eram revividos através da leitura das escrituras nos lares improvisados dos fiéis.

Uma semana mais tarde, a equipe do centro espírita chegou à casa de Raquel com diversos trabalhadores e o objetivo de instituir o evangelho no lar. Por algum motivo inexplicável, Renata estava bastante ansiosa pela chegada daquele dia. A sala principal da casa havia sido preparada com esmero para aquele encontro. A mesa e as cadeiras na disposição perfeita, um jarro com água para ser fluidificada e o livro *O Evangelho Segundo o Espiritismo* no centro de tudo.

Após a realização das apresentações iniciais, todos se

---

23 *O Livro dos Médiuns*, cap XIV, 7. Médiuns curadores – "A intervenção de uma potência oculta, que é o que constitui a mediunidade, se faz manifesta, em certas circunstâncias, sobretudo se considerarmos que a maioria das pessoas que pode, com razão, ser qualificadas de médiuns curadores recorre à prece, que é uma verdadeira evocação".

sentaram à mesa, com exceção do anfitrião, que havia largo tempo havia se distanciado desse tipo de compromisso. Após a realização da prece inicial, com o agradecimento de dona Raquel pela presença daqueles abnegados trabalhadores do bem em seu humilde lar, ela mesma abriu o livro no capítulo 14, onde se fala sobre o parentesco corporal e o parentesco espiritual.

Cada um dos participantes fez um breve comentário acerca do texto, até que a pequena Renata fez a seguinte indagação: – E quando a gente gosta de alguém mesmo antes de saber que essa pessoa será seu pai? Isso seria parentesco espiritual?

Todos permaneceram por instantes calados, meditando na extensão do significado da pergunta daquela pequena criança. Nesse momento, Pedro abriu a porta da casa e se assustou ao ver aquele aglomerado de pessoas reunidas em sua residência, em torno de um evangelho que há muito havia esquecido. Um misto de emoções tomou conta dele: raiva, inveja, tristeza, angústia e outras mais, as quais não conseguia ocultar, pela sua visível face contrafeita.

No entanto, de tudo o que mais o deixava perplexo era a presença de seu colega de trabalho, Marcos, que embora demonstrando modificação de suas atitudes nos últimos dias, ainda o fazia lembrar-se de antigos feitos deploráveis que ele mesmo ouvira de sua própria boca. Essa presença inusitada o deixava extremamente desconfortável.

Quando Pedro já ameaçava subir as escadas rumo ao seu quarto, eis que recebeu o convite da pequena Renata para que também se sentasse à mesa e meditasse sobre a mensagem do evangelho. Pedro aquiesceu à rogativa da filha, sentindo-se praticamente um estranho dentro de seu lar.

A impressão que ele tinha era a mesma de ter ido ao cinema e entrado na sala errada. Fez breves comentários sobre o estudo da noite, que pouco ou nada tinham a ver com o tema, e no final sentiu um gosto de fel na boca ao ver a sua filha dar um longo abraço filial no seu companheiro de trabalho, bem à sua frente. O que aquele cidadão estava fazendo em sua casa? Estaria porventura roubando a sua família? Seria tudo isso um pesadelo?

Marcos, agora com suas potencialidades de percepção ampliadas, se acercou do companheiro de trabalho e lhe disse: – Nosso Senhor nos disse: "nenhuma das ovelhas que meu pai me confiou se perderá". Por isso, meu amigo, é que eu estou aqui. Eu era uma ovelha desgarrada do aprisco do Senhor. Espero em breve ver toda sua família em meu casamento. Marcos disse isso apresentando-lhe a sua companheira.

Pedro ficou entre intrigado e perplexo. Quer dizer que todas aquelas mudanças eram devido ao conhecimento da doutrina espírita? A cabeça de Pedro mais parecia um vulcão em erupção. Quando estudava o evangelho, sempre se admirava com a história de Saulo de Tarso e sua modificação completa após o contato com Jesus na estrada de Damasco. Mas Marcos não era Saulo de Tarso. Acaso aquela transformação seria verdadeira? Deveria acreditar que um "pecador" comum poderia se reabilitar de seus desvarios?

Na verdade, Pedro media Marcos através de seu próprio metro, pois considerava-se completamente incapaz de uma mudança na sua vida daquela magnitude. Nesse dia, perdeu até mesmo a vontade de realizar as refeições e fez uma breve ligação telefônica para Isabela, avisando-a de que não estava se sentindo bem e que naquela noite não iria visitá-la.

18. Obsessão e loucura

Um dos sentimentos mais destrutivos que a criatura humana pode apresentar é a inveja. Essa sensação nefasta de raiva inexplicável e incabível pelo sucesso que alguém alcançou pelos seus próprios méritos, em qualquer área da atividade humana, leva a pessoa que a possui à autodeterioração por meio de sentimentos de inferioridade e inutilidade que a empurram ao abismo psicológico. Daí surgem os questionamentos acerca da própria capacidade e competência e, finalmente, a comparação inevitável entre a condição de "glória" da pessoa invejada e a sua própria situação de penúria emocional.

Nessa mesma noite, Pedro ligou para Isabela e lhe contou o ocorrido. Ela, maliciosamente, o induziu a pensar que se tratava de um caso amoroso entre a sua esposa e o colega de trabalho. Alfinetou, ainda, lembrando-lhe que eles mesmos estavam vivendo aquela situação extraconjugal e que não achava estranho que eles também pudessem estar aproveitando para se "conhecerem melhor". Isso foi o suficiente para ativar todos os"demônios" do seu amante.

Sendo assim, Pedro não conseguia conciliar o sono e logo pela manhã teve uma crise de histeria em sua casa, gritando impropérios contra a sua companheira, afirmando que aquele cidadão, que tivera a ousadia de entrar em sua residência sem por ele ser convidado, e que havia ocupado o seu posto na cabeceira de sua mesa na sala de visitas, era uma criatura dissoluta, que fingia ser uma ovelha, mas que na verdade era um lobo perigoso e que fatalmente levaria a sua família a completa destruição.

Achava-se vítima agora de um complô, onde, além de Raquel, sua mãe exercia um papel decepcionante, o de permitir que aquele cidadão promíscuo entrasse em seu lar. Pedro, que estava sempre acompanhado de uma entidade perversa que praticamente se assenhorava de seu pensamento, como alguém que conduz o cão pela coleira, decidiu que iria acertar contas com o seu companheiro de trabalho e, se preciso fosse, o chamaria para resolver as suas hipotéticas diferenças através de uma luta corporal. Assim, Marcos haveria de entender que o seu lar não era uma daquelas casas de prostituição que ele deveria ser habituado a frequentar e que, se ele o visse mais uma vez abraçado a sua filhinha, não iria titubear em arrancar seu coração da caixa torácica a golpes de faca!

À essa altura, para qualquer médium vidente seria fácil ver a imagem da superposição entre a entidade nefasta e o Pedro obsidiado. A entidade envolvia a esfera mental de Pedro com tamanha violência que ele havia ficado completamente surdo às advertências da sua esposa Raquel quando estava prestes a sair de casa. A dedicada esposa segurava em suas delicadas mãos um copo d'água e duas medicações, que ele tomava todas as manhãs para controle da sua pressão arterial.

19. Em paz consigo mesmo

Marcos saiu da residência do casal Pedro e Raquel naquela noite envolvido por um halo sublime de paz indescritível. Recordava-se agora dos momentos conturbados que vivera até bem pouco, de todas as pessoas que haviam passado pela sua vida sem que tivesse dado a mínima contribuição, muitas vezes subjugando-as ao sabor de seus caprichos.

Vinha a sua mente a visão espiritual de seu avô Tonico, como uma luz que o abraçava ternamente, inspirando-lhe os mais elevados sentimentos. Refletia sobre o tema felicidade. Sentia-se completamente pleno, com alegria incontida, após falar sobre o evangelho de Jesus naquele culto doméstico.

Não tinha precisado gastar nenhuma soma de dinheiro, vestir-se com roupas da moda, cultivar a ansiedade do encontro social festejado... Nada além de abrir seu coração para amigos sedentos de suas palavras. Simplesmente estava feliz e sentia daquele instante a vontade de distribuir essa felicidade com todos que cruzassem o seu caminho. Definitivamente, um novo homem estava brotando dentro dele. Ao chegar em casa fez uma refeição frugal, pôs-se a ouvir a música clássica Adágio em sol menor para violino de Albinoni, e adormeceu...

Durante o sono físico se desprendeu do corpo e foi levado

para uma pequena assembleia, onde jovens aprendiam lições com anciões, ao modo da velha Grécia. Sentou-se numa fileira mais distante do centro, mas ouvia o palestrante como se ao seu lado estivesse. O halo luminoso que envolvia aquele velhinho com expressão tão bondosa denotava a envergadura espiritual de que era portador. Em determinado momento, ele abriu um livro que facilmente Marcos identificou como sendo a Bíblia sagrada. Abriu no terceiro capítulo do livro de Eclesiastes, onde está assim escrito: "tudo tem o seu tempo determinado, e há tempo para todo propósito debaixo do céu: há tempo de nascer e tempo de morrer"... E foi discorrendo sobre cada versículo, até chegar no trecho do sétimo, que diz: "há tempo de estar calado e tempo de falar".

Ali, o mestre fez uma pausa e pediu para que todos refletissem na profundidade daquelas palavras. O que seria o silêncio? Qual o valor real do silêncio? Marcos nunca foi de fugir de uma boa luta verbal. Sempre discutia os mais diversos assuntos com seus colegas, chegando às vezes a ficar disfônico tamanha a empolgação com que defendia os seus pontos de vista. Seria o silêncio a anuência com os erros e opiniões com as quais não concordava?

Parecia que o mestre sabia a priori o que ele pensava a respeito de cada passagem lida. Então, começou a falar do momento do sacrifício extremo pelo qual tinha passado Jesus, desde o beijo de Judas até as inúmeras interpelações pelas quais passou o sublime Galileu, durante as quais, em sua quase totalidade, permaneceu em profundo silêncio. Em verdade, Marcos nunca havia entendido bem por que Jesus havia permanecido praticamente emudecido, até aparentemente indiferente a todos aquelas acusações e flagelos dos quais foi vítima.

Acordou no meio da noite com a lembrança vívida do encontro espiritual e tentou extrair de cada palavra que se lembrava os ensinamentos que, através do seu elevado grau de intuição, imaginava que iria ter de usar ao longo de sua caminhada – não imaginando, todavia, que esse já era um aviso de preparação contra toda a trama que estava sendo urdida no baixo astral para desestabilizar o seu trabalho espiritual.

20. Provações

No dia seguinte, Marcos chegou ao trabalho cedo, como havia algum tempo havia se habituado. Estava em sua sala organizando documentos que iria utilizar ao longo do dia. Estava tentando cultivar o hábito da disciplina em todos os seus compromissos. Desde os assuntos relacionados ao seu trabalho, até mesmo nos encontros mais informais com amigos, tentava ser pontual e responsável. Sentia a necessidade da correção de seus procedimentos que tanto tinham deixado a desejar ao largo de tantos anos.

Então, após arrumar a sua mesa ao mais novo estilo, concentrou-se e fez uma oração para começar o dia. Nesse instante, sentiu como que mãos invisíveis tocando levemente a sua fronte e experimentou uma sensação enorme de gratidão a Deus, pela oportunidade que havia recebido de recomeçar a sua vida, pautando-a nos ver os princípios evangélicos. As lágrimas quentes rolavam de sua face, quando foi bruscamente interrompido por um grito: – Covarde!

Pedro entrou em sua sala seguido por várias pessoas que tentavam segurá-lo a todo custo. Mas parecia uma fera que emergia de um calabouço obscuro para atacar o primeiro que surgisse em sua frente. O homem desequilibrado vociferava, bradando que Marcos agora não se contentava mais em ter várias concubinas. O seu prazer mórbido seria destruir os lares e separar as famílias. Não se contentava mais em realizar seus desejos e fantasias nos quartos de motéis. Por hora, seu fetiche era entrar nos lares desavisados e confundir as ideias das mulheres honestas e que, para conseguir os seus objetivos, era capaz inclusive de utilizar a inocência das crianças.

Percebia-se claramente que Pedro estava sendo praticamente teleguiado por uma das entidades nefastas a que havia se consorciado, desde que decidiu debandar em aventuras amorosas. Enxergava nos outros aquilo que era ele mesmo, na sua expressão mais vil. Como estava imerso e chafurdando na lama, considerava mesmo a impossibilidade da mudança e atitude sincera por parte de seu companheiro de trabalho. Ele mesmo não estava mais habituado a prestar o menor favor a quem quer que fosse e, por isso mesmo, achava pouco provável que alguém pudesse realizar aquilo que para ele era uma perda de tempo.

Como Marcos mantinha uma atitude serena, mesmo porque havia sendo espiritualmente preparado para esses momentos de dissabores, terminava por enfurecer mais ainda o pobre desfigurado, que agora o chamava de cínico, cafajeste, libertino e outros adjetivos que não cabem neste singelo relato. Por fim, quando todos estavam perplexos, sem entender bem o que estava se passando, eis que Pedro apresentou uma forte dor de cabeça e desmaiou. Curiosamente, a primeira pessoa que tomou a atitude de socorrer o pobre obsidiado foi justamente aquela que sofria as acusações indevidas. Marcos apressou-se em prestar os primeiros socorros e, com a ajuda de mais duas pessoas, colocaram-no em seu veículo e demandaram um hospital que se situava a cerca de dez minutos daquela localidade.

Já na sala de primeiros socorros, foi identificado que Pedro apresentava um grave pico hipertensivo e que isso teria sido a causa principal dos sintomas apresentados. Após alguns minutos chegaram seus familiares, que haviam sido avisados da inesperada ocorrência pelos seus colegas de trabalho. Estava agora o nosso personagem internado no hospital, como consequência de uma grave crise de ciúme, secundada por entidades do mais baixo astral que com ele mantinham estreito vínculo pela conduta moral relaxada, à qual se habituara nos últimos tempos de sua vida.

Enquanto Pedro entrava na sala de terapia intensiva, a sua esposa Raquel se inteirava com Marcos sobre todos os detalhes do ocorrido no ambiente de trabalho naquela fatídica manhã. Ao final do breve relato, Raquel chorou compulsivamente, envergonhada pela atitude do esposo descontrolado. Marcos a abraçou quase paternalmente e a convidou para irem à capela do hospital, para juntos fazerem uma prece para o adoecido.

Enquanto eles se dirigiam à capela, o olhar malicioso de Isabela os acompanhava de longe. Ela tentava agora tirar alguma vantagem da situação lamentavelmente provocada pelo alucinado Pedro. Maquinava executar algum plano que pudesse reforçar a fantasia construída na mente do incauto amante. Ela resolveu segui-los hospital a dentro e, de fato, os viu entrarem na charmosa capelinha. Parece que a jovem desventurada tinha uma intuição para a perversidade, daquelas que engendram as calamidades do mundo.

A menina Isabela se posicionou na faixa lateral da janela, que ficava na parte posterior da capela, e observou todos os movimentos daquele casal de amigos unidos pela dor e pelo bem. Os dois se ajoelharam e oraram com muita fé pela recuperação do desequilibrado da alma. Após alguns minutos de intensa vibração espiritual, os dois, banhados em lágrimas, se abraçaram como que intuindo que viriam as respostas das suas rogativas em forma de recuperação da saúde do moribundo.

Nesse momento, quando os dois estavam fraternalmente abraçados, Isabela aproveitou-se e tirou uma série de fotos daquele momento, sem que nenhuma pessoa percebesse a sua presença. Saiu da mesma forma sorrateira que entrou, sem ser de fato notada. Não imaginava ela que duas entidades, que faziam caras e bocas, sorrindo e comentando de forma jocosa todo o ocorrido, saíam tão abraçadas com ela que pareciam formar uma só pessoa.

Nos últimos meses Isabela havia intensificado ataques sutis a Raquel, tentando mostrar a seu amante que a sua esposa já não mais preenchia os requisitos para ser a dona de seu lar. Na noite malfadada em que Pedro encontrou Marcos em sua residência, e desesperado resolveu com ela desabafar suas dores, aproveitou para elaborar toda uma tese que se espelhava na sua própria licenciosidade. Agora, ela também possuía um elemento material que daria sustentação para suas argumentações: uma fotografia onde os dois aparecem abraçados.

Não compreendia a jovem Isabela os pesados tributos que teria de pagar no futuro pela sua inobservância da lei maior. Em Mateus, capítulo 18.7, o sublime Galileu bem asseverou: "Ai do mundo, por causa dos escândalos; porque é inevitável que venham escândalos, mas ai do homem pelo qual vem o escândalo". Um dia ela sentiria visceralmente a extensão das suas arbitrariedades.[24]

---

24 Eu vos asseguro que não saireis dali enquanto não pagardes o último centavo. (Lucas12:59)

21. Obsessão infantil

Os dias de internamento do nosso amigo Pedro naquela unidade hospitalar foram dificílimos para todos. Após o susto inicial e a tomada de todos os cuidados por parte da equipe hospitalar, ele retornou completamente recuperado à sua casa, mas eis que um fato novo aconteceu. Renatinha, a filha mais nova do casal Pedro e Raquel, de tanto ouvir notícias das mais variadas a respeito da saúde física e mental do pai, entrou em profundo estado de depressão, pois achava que o pai iria desencarnar.

Pouco adiantava o carinho da avó e o desvelo da mãe, que a cercava de cuidados, enquanto não estava acompanhando o marido na enfermaria do hospital. A pequena Renata queria ver o seu pai de volta à casa. Queria permanecer abraçada com ele pela eternidade e aquela situação lhe gerava uma angústia insuportável. Aproveitando-se das circunstâncias, entidades obsessoras que cercavam a pequena há algum tempo se utilizavam do momento para dar início a um gravíssimo quadro de obsessão infantil.

A criança decidiu não mais ir à escola e aos poucos foi se recusando a se alimentar. Pouco a pouco foi perdendo peso e, após duas semanas, já estava irreconhecível. Nesse tempo,

Pedro se recuperou e recebeu alta hospitalar. Como não havia visto a pequena filha durante o período de internamento, assustou-se ao ver como a menina havia sido consumida pela doença.

Nem mesmo a presença do pai alegrou mais a criança, pois ela nutriu o monoideísmo de que todos estavam escondendo a doença do pai e que ele teria apenas pouco tempo de vida. À noite podia se ouvir os gemidos e choros da criança, mesmo a vários metros de distância do seu quarto. Ela sonhava acordada com criaturas tenebrosas, que diziam que estavam ali para buscá-la, juntamente com o seu amado papai. Quando os gritos se intensificavam, todos corriam para vê-la, quase sempre já sentada na cama, chorando e dizendo que iria morrer.

A família já havia consultado o pediatra, que após extensa investigação concluiu que se tratava de um quadro de ansiedade, derivado da possibilidade, na mente da criança, da perda do pai. O facultativo por sua vez indicou acompanhamento psicológico, que embora fundamental, não evoluía na velocidade que a gravidade do quadro exigia.

Cada dia a menina definhava e a noite era sempre o pior momento para a criança. Ela sempre via em seus pesadelos a figura de um jovem que a chamava de assassina. O varão aparecia sempre todo vestido de preto, com o rosto bastante deformado, e a culpava pelo estado em que se encontrava. Falava que estava ali para buscá-la. A criança, apavorada, sofria calada. Tinha medo até de comentar o conteúdo dos sonhos com a sua família.

Certo dia, no café da manhã, ela perguntou à mãe o significado da palavra assassina. A genitora, bastante sem jeito, explicou com muita dificuldade que se tratava de alguém que, por algum motivo, haveria de ter tirado a vida de outra pessoa. A criança ficou imóvel por alguns instantes. Por um motivo que Raquel desconhecia, lágrimas abundantes rolaram da face infantil de Renata.

A mãe se desesperou. Aconchegou a filha no colo e com todo cuidado lhe questionou a razão daquela pergunta. A filha, somente depois de muito relutar, contou-lhe dos sonhos que tinha desde os quatro anos de idade. Lembrava– se de algumas cenas, onde pessoas apontavam para ela e a acusavam de algo muito grave.

Depois de algum tempo, algumas dessas pessoas haviam desaparecido, mas um jovem que se mostrava extremamente sofrido sempre lhe aparecia acusando-a de assassinato. Raquel ouviu tudo aquilo com um nó na garganta. Culpava-se porque somente agora entendia o porquê de a filha sofrer tanto. Não tinha ideia do motivo exato pelo qual a menina passava por aquele tipo de perseguição espiritual durante suas noites de sono, mas lembrava-se de ter lido em algum livro espírita que esse tipo de situação, quando ocorre em crianças, geralmente tem sua origem em grave ocorrência em alguma existência anterior, e o espírito desencarnado localiza seu antigo algoz no corpo infantil, buscando vingança a qualquer custo.

Passado o choque inicial da revelação, pensava agora com maior lucidez que a sua filha, sendo um espírito imortal e milenar, provavelmente haveria de ter derrapado em algum momento de alguma de suas trajetórias existenciais, deixando dolorosa marca em uma criatura com quem tenha travado contato mais íntimo.

Indagava-se agora como ela mesma, tendo um conhecimento tão sólido da filosofia espírita, não havia se questionado sobre essa possibilidade quando encontrava a sua filhinha assustada e banhada em lágrimas, nas incontáveis noites em que fora despertada no meio da madrugada, sob gritos desesperados. Agora tudo parecia claro. Iria procurar ajuda no centro espírita, de forma mais específica, no atendimento que visava a terapia desobsessiva.

22. Vivendo em família

Nos últimos tempos, Pedro andava tão distante da sua família que estranhou a sensação de estar ao lado da esposa e filhos durante um final de semana inteiro. Pela primeira vez em vários meses sentou para conversar com seu filho mais velho, Miguel, sobre assuntos relacionados ao seu curso na faculdade. Soube através dessa conversa que já fazia dois meses que seu filho estava em tratamento para depressão e ele nem imaginava o que o rapaz vinha sofrendo ao longo dos anos.

Ficou estupefato quando descobriu que a sua mãe, Dona Carmem, era quem levava Miguel ao psiquiatra. A velha matrona, percebendo as suas dificuldades em dar conta dos cuidados com a sua família, pôs-se à frente para resolver desde questões mais básicas, como a alimentação, até os cuidados médicos e psicológicos de seus descendentes.

Pedro passou o final do sábado escutando o seu filho Rafael falar com empolgação sobre a fisiologia do corpo humano. Quando o garoto falava em ser médico, ele achava que se tratava apenas de uma fantasia que quase toda criança tem. Pela primeira vez considerou seriamente a possibilidade do rapaz se tornar um filho de Esculápio. Notou em Rafael traços acentuados de feminilidade. Será que o seu segundo filho se revelaria homossexual? Interiormente sabia que esse fato não mudaria em nada o amor que tinha pelo filho. Mas e a sociedade? Os amigos não perderiam a oportunidade de fazer as piadas que ele mesmo, vez por outra, gostava de ouvir – quando não se tratava de alguém de sua família, obviamente.

No mesmo dia, aproveitou um momento em que se encontrava sozinho com a esposa e a questionou a respeito da sexualidade do jovem. Raquel sinceramente lhe contou que, havia algum tempo, Rafael havia lhe revelado a sua orientação sexual homoafetiva e que somente não havia dividido essa notícia com ele porque andava distante de toda e qualquer questão de ordem familiar. Tudo isso era muito para sua cabeça. Passou a noite com uma febrícula estranha. Dir-se-ia que estava sofrendo de remorso...

A verdade é que Pedro estava bastante sensível desde que saíra do hospital. Apresentava sinais de arrependimento tão extremos pela vida que vinha levando que decidiu não atender nenhum telefonema, nem responder aos diversos recados da amante, que lhe chegavam através dos amigos em comum.

No domingo pela manhã, aproveitando a melhor disposição em que se encontrava o esposo, Raquel decidiu questioná-lo sobre o motivo pelo qual teria ele apresentado tanta fúria contra seu colega, a ponto de ter ido em seu local de trabalho provocar tamanha desordem. Indagou se acaso haveria algum motivo de desavença que por ela fosse desconhecido. Pedro não soube responder. Tentou alegar que se acostumara a presenciar atitudes jocosas do colega de trabalho e que lhe custara acreditar que ele tivesse mudado tanto a ponto de merecer ser recebido pela sua família dentro da própria casa. Mesmo assim, consentiu que a reação foi demasiada desproporcional aos fatos expostos. Não quis aprofundar a discussão. Sabia que na sua conta pesava o fato de estar vivendo de forma irregular com uma outra mulher, e que isso ia aos poucos pesando demasiadamente em sua consciência. Beijou a esposa na testa, como já não fazia há muito tempo. Isso para Raquel significava reconciliação e pedido de desculpas.

Almoçaram todos juntos naquele domingo, como não faziam havia exatamente dois anos. Alguém disse que a doença do corpo, na maioria das vezes, funciona como cura da alma. E no caso de almas ainda rebeldes, isso pode ser considerado uma lei.

23. De volta ao trabalho

Por alguns dias, parecia que o tempo tinha parado para o nosso amigo. Vivia o sabor da vida em família como antigamente. Mas chegou o dia em que a licença médica expirou e ele precisava voltar ao trabalho. Como seria possível encarar todos aqueles companheiros que presenciaram seu escândalo? E Marcos, como olhá-lo face a face? E Isabela, o que fazer com aquela relação extraconjugal?

Uma coisa estava bem certa para ele: sua vida em família naqueles últimos dias estava sendo bem mais gratificante que os momentos de prazer físico efêmeros ao lado da amante. E como explicar isso para Isabela, se ele mesmo havia lhe dito que pretendia se separar da esposa para ficar com ela? A única coisa que estava evidente era que ele mesmo era o único responsável por toda aquela situação embaraçosa. Teria que buscar coragem para enfrentar o problema, que fora construído pela sua incúria e falta de vigilância em relação às investidas do mal em sua vida.

Era uma terça-feira e Pedro chegou ao trabalho no mesmo horário a que era acostumado. Para sua sorte, nesse dia, muitos de seus amigos de repartição estavam escalados para trabalhos externos, de forma que o primeiro dia de retorno à sua atividade laboral foi relativamente tranquilo. Teve o ensejo de se desculpar com os poucos colegas com quem travou contato nesse dia, porém, quis o destino que as duas principais pessoas implicadas nesse intrincado momento existencial que estava atravessando não estivessem lá. De noite, em casa, abraçou-se com a esposa e sentiu uma força estranha, que ele havia conhecido quando era mais jovem. Essa força se chamava amor.

Como poderia tudo aquilo estar represado para ele, enquanto atordoado vivia as aventuras de um irresponsável, enlouquecido e iludido pelo canto da sereia? Recordava-se agora das noites em que via, mas não enxergava, a esposa chorando em silêncio na cozinha, lavando os pratos do jantar, enquanto ele, a pretexto de reuniões de trabalho, demandava o mundo em busca de encontrar-se com a amante.

Não! Decididamente não admitiria mais de si mesmo a atitude relaxada daqueles que se esquecem do compromisso firmado para uma vida dedicada ao santuário do lar, apenas porque as formas transitórias da matéria imprimem nos sentidos ilusões que ativam um desequilibrado apetite pelo sexo.[25]

Teria uma conversa séria com Isabela finalizando aquele relacionamento, que na verdade nunca deveria ter existido. Julgava-se agora o mais vil dos seres. Lembrava-se da infância difícil que a sua esposa tivera. Dos seus primeiros encontros. Da alegria do nascimento dos seus filhos e percebeu que, na verdade, sua alegria e sua razão de viver estavam ali.

Refletia e tinha alguns lampejos que poderiam ser chamados pela psicologia de *insight*, devido ao profundo conhecimento que possuía do evangelho, embora não o estivesse aplicando nos últimos tempos de sua vida. Lembrou-se naquele instante de uma passagem do livro de Lucas, em seu capítulo 9, versícu-

25 Pergunta 696 de *O Livro dos Espíritos* – Qual seria o efeito da abolição do casamento na sociedade humana? – O retorno à vida animal.

lo 25: "Que aproveita ao homem ganhar o mundo inteiro se vier a perder-se ou a causar danos si mesmo?".

Quanto a Marcos, não existiria outra alternativa que não fosse ir até ele e humildemente pedir desculpas por tudo que havia causado. Essa oportunidade não tardou. No dia seguinte, assim que entrou no corredor que dava acesso à sua sala, no trabalho, ficou face a face com seu pretendente a desafeto. A princípio assustou-se, pois foi Marcos quem o saudou, dizendo-se profundamente feliz por sua total recuperação. Pedro então tomou coragem e com toda humildade que lhe era possível naquele momento, admitiu que havia se excedido e que agradecia por toda compreensão que recebia de sua parte. Digno de nota é o fato de que a ausência de outras pessoas testemunhando aquela cena certamente encorajou o transgressor ao reconhecimento do erro. Faltava apenas agora conversar com Isabela, a parte provavelmente mais conflituosa e sujeita a desentendimentos. A tudo isso testemunhavam companheiros invisíveis, dispostos ainda a "trabalharem" para a destruição dos planos de Pedro de reconstituição do seu núcleo familiar.

Fica a mensagem de que devemos ter muito cuidado com a semeadura que nos propomos realizar ao longo de nossa jornada, pois dia virá em que teremos que palmilhar pelas mesmas vias, colhendo as flores ou espinhos, dependendo de nossa retidão e confiança em Jesus, nosso mestre maior.

24. Assistência espiritual a Renatinha

Raquel e Dona Carmen estavam levando Renatinha para o centro espírita, para que ela se submetesse à consulta espiritual e posterior tratamento desobsessivo. A criança não apresentava melhora, apesar de todos os cuidados e assistência psiquiátrica e psicológica. A mãe estava tão ansiosa que não parava de torcer as úmidas mãos na sala de espera.

Embora Dona Carmem fosse dirigente da casa espírita, fazia questão de seguir a norma de realização dos atendimentos por ordem das fichas. As pessoas chegavam muito cedo em busca de guardarem suas vagas e ela não achava justo passar à frente dessas pessoas, embora tivesse livre acesso a qualquer tipo de atividade que se realizava nas dependências da instituição.

A espera foi muito longa, mas enfim, após quase cinco horas, a mãe entrou com a criança para realização da consulta espiritual. O médium preencheu uma ficha, que continha perguntas assaz básicas sobre acontecimentos relacionados ao nascimento e ao desenvolvimento da pequena Renata. Nada significativo foi encontrado. Depois, a própria menina descreveu com detalhes os sonhos perturbadores que se repetiam numa frequência assustadora.

A criança contava que em todos os sonhos o tormento se iniciava quando ela se via sozinha numa espécie de salão escuro, depois apareciam muitas pessoas que a acusavam de vários crimes, e por fim, aparecia o jovem com rosto deformado que a apontava como temível assassina. Ele repetia aquelas palavras com tanta força e verdade que aqueles fluidos se impregnavam em sua tela mental. Dizia que sempre se acordava depois de muito esforço para alcançar o despertamento.

Ali, o médium parecia estar quase em transe. Pediu para que a mãe aguardasse com a criança do lado de fora, no salão principal, e que por obséquio chamasse Dona Carmem para que ela pudesse ajudar na assistência espiritual que ali seria realizada. A mãe de Pedro era bastante experimentada em dialogação com entidades sofredoras. Tinha um carinho todo especial no trato com elas. Oferecia-lhes cuidados, como se fossem seus filhos.

A sala foi trancada para que ninguém atrapalhasse aquela conversação. O médium, que se chamava José de Arimatéia – nome dado por sua mãe, que era profunda admiradora do nobre discípulo de Jesus -, já se encontrava profundamente em transe. Dona Carmem, delicadamente, fez uma prece concisa, pedindo a assistência dos bons espíritos para aquela empreitada.

Como se o espírito não quisesse falar através do médium, a experiente doutrinadora – ou facilitadora, como se queira denominar – deu as boas vindas àquela entidade sofredora. Disse-lhe que se sentia muito feliz e honrada por receber a sua visita naquela casa de oração, que de tão modesta lembrava as igrejas cristãs primitivas, onde os assentos toscos e a falta de conforto material eram compensados pelo ardor da vivência da mensagem do Nosso Senhor Jesus Cristo. Naquele momento, o médium cerrou os punhos. Sua face se contorceu abruptamente e o espírito utilizou o aparelho fonador de José de Arimatéia para expressar toda sua dor. Primeiro gritou a palavra "mentira" várias vezes. Repetiu que tudo o que Dona Carmem havia falado não passava de inverdades. Perguntou em tom furioso como poderia aquela ser uma casa de oração justa e honesta, se uma "bandida" daquela envergadura tinha livre acesso às dependências da instituição.

O médium cada vez se contorcia mais, assimilando todo o ódio que aquele pobre espírito trazia dentro de si. Em dado momento, Dona Carmem pediu-lhe licença e perguntou o motivo de tanta raiva e agonia. O espírito apontou para além da porta. E falou. – Observe aquela criminosa que esta no corpo daquela criança aparentemente inocente. Ela é uma assassina! Uma assassina! Assassina!

O espírito chorava compulsivamente. A veneranda assistente respeitou aquele momento de dor extrema e, como boa terapeuta de almas, entendeu que naquele instante apenas uma prece fervorosa poderia falar ao coração daquela alma sofrida. Juntou as suas mãos já engelhadas pelo tempo e humildemente se dirigiu à Nossa Senhora, mãe de Jesus...

"Maria, mãe de todos nós, pobres criaturas, ainda desconhecedoras das imutáveis leis que regem o universo, tem misericórdia de nós, que ainda rastejamos na lama da iniquidade, quando poderíamos bem já abrir as asas libertadoras e voar pela amplidão dos céus!

"Compadece-te de nós, que ainda não aprendemos a amar a tudo e todos que nos rodeiam. Ensina-nos a amar o ar que respiramos e nos proporciona a vida, a água que nos nutre a matéria e ao solo em que caminhamos. Aos nossos irmãos que sofrem e se penalizam, eu a ti imploro, Maria, livra-lhes da agonia, porque sei que tu és mãe!

"Sabemos que devemos respeitar o momento de cada pessoa que trafega na vida, trazendo suas experiências e necessidades, mas como sei que tu és só bondade, nesse instante tão sublime em que nos encontramos nessa luminosa assembleia, permite que os socorristas que trabalham como teus servos possam derramar uma chuva de bênçãos sobre todos nós, pobres criaturas que aqui nos encontramos, ajoelhados, humildemente, pedindo a vossa proteção!".

Finalizada a prece, Dona Carmem, que havia sido secundada em suas palavras pelo insigne mentor espiritual da reunião, estava completamente banhada em lágrimas. O médium José de Arimatéia já sinalizava que a entidade espiritual havia se deslocado de seu campo de ação mediúnica, mas que tinha saído tocado por aquela oração e certamente viria outras vezes, atraído pela presença da pequena Renata e também pelo desejo inconsciente de resolver os seus dilemas.

Aquele era o primeiro passo de muitos que teriam de ser dados para resolução de um conflito espiritual daquela magnitude. Nos dias que seguiram, a pequena obsidiada teve um certo alívio, mas em determinada noite novamente encontrou com o jovem no sonho, que lhe dizia que não se deixaria enganar por ela mais uma vez. Que agora ele já sabia quem ela era de fato e que nada iria fazê-lo desistir de levá-la à loucura, pois ela o havia assassinado quando ele estava em seu ventre. No dia seguinte a criança, assustada, narrou o fato para seus pais, na mesa do café da manhã. Raquel ficou perplexa e Pedro extremamente pensativo. Sentiu algo estranho e familiar naquele relato de sua filhinha. Alguma coisa muito estranha havia tocado o seu coração no momento em que ela narrava aquela assombrosa história. Era como se ele tivesse alguma participação naquele enredo.

Várias semanas se passaram sem nenhum progresso evidente. Então, mais ou menos após três meses, novamente estão o médium José de Arimatéia, Dona Carmem e dessa vez mais duas pessoas dando assistência e sustentação à reunião de intercâmbio mediúnico, através das preces silenciosas.

Passados alguns minutos, o já conhecido médium entrou em transe e a personalidade do mesmo jovem das reuniões anteriores bradou que era impossível demovê-lo de suas ideias. Disse bem alto que ninguém ali sabia o que ele havia sofrido. Falou chorando que nem um cão seria daquela forma rejeitado pela sua procriadora.

O silêncio imperou na sala. Dona Carmem respeitosamente perguntou-lhe o nome. Após uma grande relutância, porque dizia o jovem sofrido que não queria intimidade com ninguém dali, consentiu em ser chamado de Caio. Quase dez minutos de muitas queixas fizeram o diálogo avançar e ele foi então questionado sobre o motivo de tanto ódio. Caio devolveu a pergunta aos presentes na reunião, insinuando que todos estavam ali porque teriam sido aceitos pelas suas mães, que levaram a termo as suas gestações. Chorava e gritava que ninguém ali sabia o que era ter sido vítima da violência do aborto.[26]

Todos reconheceram o motivo da dor ocasionada pela situação de rejeição. Dona Carmem lhe explicou que nem todas as pessoas quando estão encarnadas têm a dimensão da gravidade daquele tipo de ato e muitas ainda imaginam que a vida só se inicia quando a criança chora ao nascer.[27] A ignorância ainda impera entre os encarnados, garantia ela na sua doce argumentação.

Caio ia aos poucos se tornando mais permeável à conversação. Nas reuniões subsequentes, cada vez mais parecia tranquilo, pois, um tanto sossegado, conseguia assimilar as instruções dos benfeitores espirituais, que lhe mostravam que

26 Pergunta 357 de *O Livro dos Espíritos* – Quais são, para o Espírito, as consequências do aborto?– É uma existência nula e a recomeçar.

27 Pergunta 344 de *O Livro dos Espíritos* – Em que momento a alma se une ao corpo? – A união começa na concepção, mas não se completa senão no momento do nascimento. Desde o momento da concepção, o Espírito designado para habitar tal corpo, a ele se liga por um laço fluídico que vai se apertando, cada vez mais, até o instante em que a criança vê a luz; o grito que se escapa, então, da criança, anuncia que ela se conta entre os vivos e os servidores de Deus.

aquela experiência tão curta no ventre da mãe que o recusou tinha sido muito importante para reconstituição e reequilíbrio de uma parte de sua estrutura perispiritual, que havia sido danificada em existência precedente por sua própria incúria.

Nesse tempo, Renatinha estava praticamente recuperada. Fazia já algum tempo que não tinha pesadelos. Na noite que se seguiu à última reunião mediúnica no centro espírita, um evento curioso aconteceu. Após adormecer, ela sentiu a chegada de um jovem bonito, que lhe acenou com as mãos. Seu rosto era afilado e seus olhos profundamente negros. Deu-lhe adeus e, sem ela entender o porquê, a chamou de Tânia.

Exatamente um dia após o sonho, a neta comentou com Dona Carmem o inusitado encontro espiritual. A criança havia ficado em dúvidas se aquele com quem ela se encontrara à noite seria o mesmo que tanto a havia feito sofrer. A vozinha respondeu: – É bem possível, minha filha. É bem possível! Mas quando Renata lhe contou o detalhe do nome pelo qual foi chamada, uma sensação estranha percorreu toda a coluna vertebral da nobre matrona daquela família. Lembrava-se de alguma forma de alguém com esse nome, que havia passado pela vida de seu filho Pedro quando este era ainda um jovem mancebo.

De alguma maneira, intuía a avó que a Renatinha de hoje possivelmente seria a Tânia do passado[28] e que isso de alguma forma justificava o demasiado apego que a filhinha tinha pelo pai. Já havia perdido o contato no passado por livre iniciativa e se sentia inconscientemente culpada por isso. Agora nutria a necessidade de estar o mais próximo possível da figura do então genitor. A veneranda Carmem pediu para a criança esquecer tudo isso e lhe garantiu que dali em diante ela teria noites bem mais tranquilas.

---

28 Pergunta 330 de *O Livro dos Espíritos* – A reencarnação é, pois, um a necessidade da vida espírita, como a morte é uma necessidade da vida corporal? – Certamente, assim é.

A avó guardaria essas lembranças apenas para si mesma. Com toda sua experiência de vida, sabia reconhecer a importância do esquecimento do passado para o trabalho produtivo do presente.[29] Depois de toda essa luta, Dona Carmem medita na extensão da assistência dada pelos prepostos do Cristo, e como de costume, abre o evangelho ao "acaso", na página onde Jesus sentenciava que teria vindo para os doentes, e não para os sãos.[30]

29 Pergunta 392 de *O Livro dos Espíritos* – Por que o espírito encarnado perde a lembrança do seu passado? – O homem não pode, nem deve tudo saber; Deus o quer assim em sua sabedoria. Sem o véu que lhe cobre certas coisas, o homem ficaria deslumbrado, como aquele que passa, sem transição, da obscuridade à luz. Pelo esquecimento do passado, ele é mais ele mesmo.

30 Mt 9.12 – Mas Jesus, ouvindo, disse: Os sãos não precisam de médico, e sim os doentes.

25. Frustração

Já havia se passado tempo suficiente após a crise nervosa (com consequente adoecimento) para a "normalidade" da sua relação com Pedro se reestabelecer. Esse era o pensamento da jovem Isabela. A indiferença do antigo amante estava insuportável para ela. Não que Isabela o amasse. Longe disso, mas a falta dos presentes e mimos nos quais tinha se viciado tornava sua vida fastidiosa, já que ela era uma materialista convicta.[31]

Isabela, que estava se tornando uma mulher balzaquiana na idade, mas não na maturidade da vivência emocional, começou uma perseguição implacável ao seu *affair*. No ambiente de trabalho Pedro já se sentia extremante desconfortável. Desde o episódio da sua crise aguda e posterior internamento hospitalar, havia se reaproximado de sua esposa e filhos. Havia reorganizado em sua mente o real valor da família. Ao conversar com Isabela, ele sempre justificava o seu afastamento devido aos seus problemas de saúde. A pressão arterial descontrolada não lhe permitiria mais excessos e, avaliando bem a situação, não achava justo prendê-la a um relacionamento

31 Trecho retirado da resposta dada à pergunta 148 de *O Livro dos Espíritos* sobre a tese do Materialismo – "O homem teria razão em pensar senão em si mesmo e em colocar, acima de tudo, a satisfação de seus prazeres materiais".

que não teria para ela como consequência a formação de uma família, constituição de filhos e todas as coisas com que a maioria das mulheres sonham.

Ela friamente contra-argumentava que necessitava viver o hoje e o agora. Que não sabia se estaria viva no dia seguinte e que precisava "curtir" cada momento de sua vida. Fazia questão de lembrar a Pedro de todas as juras de amor que ele lhe havia feito quando estava "enfeitiçado". Final de semana numa praia deserta, férias em Paris e tudo que ele nunca tinha sequer aventado em fazer com sua esposa.

A cada palavra que Isabela falava ele tomava mais consciência do estado de fascinação em que se encontrara.[32] Como poderia ter ele prometido dar aquilo que não possuía? A resposta era simples. No afã da conquista inadiável, o imediatismo sobrepõe o planejamento e a essa altura, com a razão obnubilada, o indivíduo não contém a sua impulsividade.

A moça dramatizou a situação. Fingiu-se de vítima das circunstâncias. Evocou a sua situação de mulher desprotegida e usada como material descartável. Começou sorrateiramente a fazer chantagens de cunho material. Disse que lhe faltava isso ou aquilo e na semana seguinte já eram outras necessidades, que Pedro tentava equacionar, mas o seu dinheiro já não dava mais. Sua renda tornara-se bastante comprometida com os excessos anteriores.

Havia contraído empréstimos no banco para que sua antiga concubina pudesse repaginar completamente seu apartamento. Pedro sorvia agora o cálice da amargura que sempre vem como consequência dos atos impensados. Sabia que no fundo mesmo, a culpa maior era sua.

---

32 Trecho retirado do item 239, do capítulo 23 de *O Livro dos Médiuns* – "Já dissemos que muito mais graves são as consequências da fascinação. Efetivamente, graças a ilusão que dela decorre, o Espírito conduz o indivíduo de quem ele chegou a apoderar-se, como faria com um cego, e pode levá-lo a aceitar as doutrinas mais estranhas, as teorias mais falsas, como se fossem a única expressão da verdade. Ainda mais, pode levá-lo a situações ridículas, comprometedoras e até perigosas.

Embora a jovem tivesse péssimas inclinações, era ele quem detinha o cabedal do conhecimento das coisas espirituais. Como teria caído tão facilmente nesse tipo de armadilha? Fazia e refazia as contas e receitas quase todos os dias. O pior era que, de um lado, não podia revelar dentro do lar o motivo de suas dificuldades financeiras; por outro, quase toda semana a antiga amante lhe fazia exigências descabidas, de forma que sua mente fervilhava. Pensava consigo mesmo que se não fosse esse deslize nefasto, de procurar a diversão sexual para solucionar as suas problemáticas de ordem afetiva-conjugal, provocado pela sua fraqueza espiritual, sua vida estaria na mais completa paz.

Por esse tempo, Pedro havia voltado a frequentar o centro espírita dirigido pela sua mãe. Causava-lhe sempre algum mal-estar a posição que seu companheiro de trabalho, Marcos, ocupava dentro dos trabalhos da instituição. O antigo libertino hoje era coordenador de todo trabalho que lidava com magnetismo, sendo inclusive instrutor dos cursos de passes magnéticos, e isso lhe causava um pouco de inveja.

Com exceção desse detalhe, Pedro sentia conforto nas palestras doutrinárias e pelo fato de ver sempre sua família reunida naquele ambiente sagrado. Relembrava aos poucos do seu tempo de juventude, quando se dedicava quase integralmente àquelas atividades. Lembrava da primeira vez que levara Raquel ao centro e de repente se sentiu emocionado pelas suas reminiscências.

Como explicar tanto distanciamento daqueles santos princípios, pela simples cessão aos desejos de vivência da sua sexualidade na forma mais animalizada e destituída do amor? Em meio a essas conjecturas, recebeu um bilhete de Isabela, completamente lúbrico. Isso era a gota d'água para ele. Iria resolver aquela situação no dia seguinte. Não cederia mais às suas chantagens.

Na manhã que sucedeu todos esses eventos, Pedro chamou Isabela para uma conversa séria. Falou-lhe que estava tudo definitivamente acabado entre eles. Que já tinha lhe dado tudo o que dispunha, em todos os sentidos, e que agora iria ser cada um para seu lado. Adivinhando o pensamento de Isabela, ainda arrematou dizendo que iria contar tudo para a sua esposa, para que ele não tivesse nada mais a esconder de ninguém.

A moça, sentindo que o "jogo" estava praticamente perdido, tirou a última carta da manga e lhe mostrou a foto da sua esposa abraçada com Marcos. Sem fazer menção ao contexto de onde e quando isso aconteceu, induziu o antigo amante a questionar a moral ilibada da esposa. Isabela decidiu de um só golpe manchar a imaculada Raquel e destroçar a mente de Pedro, ainda em fase de reorganização.

26. Reajustando contas

Pedro voltou para casa arrasado nesse dia. A criatura humana tem sempre o ensejo de projetar no outro aquilo que de pior possui. Então, em meio aos seus devaneios, imaginava que Marcos e a sua companheira Cássia deveriam ter arrastado a sua Raquel para um triângulo amoroso. E aquela jovem belíssima, Patrícia, que agora participava da campanha do quilo? De repente seria um quadrilátero e não mais um triângulo do "amor"!

Chegou em casa taciturno. Recolheu-se cedo, alegando uma indisposição. Ao deitar, dois perseguidores espirituais, que já o acompanhavam de longo tempo, induziram-no a lembrar dos momentos onde ele praticamente abandonara as suas obrigações familiares. O sentimento de culpa o afligia profundamente, propiciando campo de atuação aos espíritos obsessores.

Cenas imaginativas, que nunca tinham ocorrido de fato, apareciam na sua tela mental. Sua esposa, em atitude liberada, aparecia numa espécie de bacanal, comandado sempre por Marcos, que ordenava a uma pessoa que se posicionava à porta, autorizando a entrada e saída de mais pessoas. Ele delirava enquanto dormia e a febre agora o consumia.

Raquel, ao entrar no quarto, assustou-se com os gritos de pavor do marido e decidiu levá-lo ao hospital, com a ajuda de sua sogra. A mãe de Pedro, que acompanhara toda a trajetória do filho, de pronto desconfiou que se tratava de resquícios da obsessão pela qual vários membros da família vinham passando.

Pedro é avaliado pela equipe médica, que o libera com diagnóstico de virose associada ao excesso de trabalho. No dia seguinte, já em casa, mas ainda bastante intranquilo, recebeu a visita da sua mãe, que decidiu falar-lhe em particular. Dona Carmem lhe indagou sobre várias questões de sua vida pessoal e então Pedro, já não aguentando mais a pressão psicológica, decidiu contar desde o início de seu caso amoroso com a colega de trabalho, de seu ciúme de Marcos, da sua crise, de seu adoecimento e por fim, mostrou à mãe a foto da esposa abraçada justamente com aquele que tanta raiva lhe despertava.

A mãe analisou a fotografia com acurácia e notou, pela imagem de fundo, que o local desse cometimento era justamente a capela do hospital onde ele havia ficado internado. E justo naquele recanto não somente Marcos e Raquel, mas muitas vezes ela mesma se ajoelhara em atitude de humildade, fazendo preces para que ele se recuperasse rapidamente.

Contou-lhe da dedicação que Marcos lhe devotava e que o próprio sempre citava seu nome em atitude de respeito, seja porque ele era filho da dirigente da instituição que tanto amava e a que se dedicava, seja porque via nele a figura de um dedicado pai de família. Aos poucos Pedro foi se conformando e se sentindo ao mesmo tempo aliviado e envergonhado. Avaliava a extensão da perversidade de Isabela e se admirava da absoluta transformação de Marcos pela luz oferecida pelo Evangelho.

Cada um vive no universo que cria para si mesmo.[33] A

33 Mt 16.27– "A cada um segundo as suas obras".

mente é força criadora capaz de materializar construções que levam a pessoa ao estado de paz inabalável ou de perturbação impenetrável. Por isso a advertência do sublime mestre: vigiai e orai para não cairdes em tentação.[34]

34 Mt 26-41 – "Vigiai e orai para não cairdes em tentação. O espírito, com certeza, está preparado, mas a carne é fraca".

27. União em torno do evangelho

Marcos chegou ao trabalho numa manhã de quinta-feira, gritando efusivamente por toda a repartição que iria ser pai. Cássia estava grávida e ele não conseguia conter a alegria imensa em saber que em breve teria uma criança para dar o colorido especial ao seu lar. Todos os companheiros o abraçaram e compartilharam aquele momento tão sublime.

Pedro ficou por último. Na frente de todos os colegas de trabalho, parabenizou o antigo desafeto e lhe agradeceu por tê-lo devolvido à sua família, através da sua dedicação e esforço em vivenciar a sua religião com tanto amor. Pediu-lhe licença e, naquele instante, fitou com profundidade o futuro pai do Sr. Tonico reencarnado, transmitindo-lhe toda a sua gratidão através de um abraço sincero.

Um a um os colegas de trabalho foram saindo do ambiente, à medida que ouviam os primeiros soluços de Pedro. O choro incontido levava para fora todos aqueles sentimentos mesquinhos que o asfixiavam e lhe davam a sensação de angústia inexplicável. O homem sofrerá menos quando aprender que somente o amor constrói a realidade de felicidade plena.

Após esse encontro, Pedro e Marcos se tornaram grandes amigos e isso se remete ao seu próprio passado, no sentido de alavancar o novo amigo no seu processo de retorno ao caminho da casa do Pai, tal como descrito na parábola do filho pródigo descrita no evangelho de Lucas, capítulo 15, versículos 11 e 32.

Um ano após esses memoráveis acontecimentos, vamos encontrar Marcos, Cássia e seu filhinho de alguns meses de vida sentados nas cadeiras envelhecidas daquela nobre instituição espírita. Na entrada do centro estava a rediviva Patrícia, distribuindo mensagens àqueles que chegavam à casa para assistir à palestra pública, que tinha como título "Quando nascemos para Jesus?". A família de Pedro estava toda sentada nas primeiras cadeiras do auditório.

A palestra estava chegando já a seu final quando nosso amigo Pedro, que era o palestrante da noite, lembrou-se de um momento bastante significativo do cristianismo primitivo: Saulo, já converso, volta à Casa do Caminho pela primeira vez após as suas reiteradas perseguições à igreja primitiva e pede estadia. Após rápida reunião entre os principais, decide-se que o jovem doutor da lei deveria voltar em outra ocasião, que por hora não convinha que ele pernoitasse ali.

De todos os seguidores do Cristo que ali estavam, foi Pedro, homônimo do palestrante, quem advertiu que, embora todos os circunstantes se espantassem ante a mudança repentina das disposições do jovem de Tarso, quem conviveu com Jesus sabia que Ele era capaz daquilo e muito mais...

Pedro lançou ao público o fato de que Paulo foi o escolhido por Jesus para difundir a boa nova, com todo o seu histórico de perseguições cruéis aos seus seguidores, para que tivéssemos sempre a esperança na mudança de nós mesmos. Era necessário que fosse Paulo para que cada um de nós guardasse para sempre a certeza de que Jesus pode transformar completamente a nossa vida. E finalizou emocionado sua primeira exposição pública, após tantas turbulências em sua vida, com a seguinte prece: – Meu Deus, sei que a tua misericórdia é realmente infinita, caso contrário um réprobo como eu não ousaria aqui estar. Senhor, tu que estás acima de nossas fraquezas e imperfeições, e que compreende que os nossos delitos são frutos de nossa ignorância espiritual, perdoa as nossas falhas e nos dá a oportunidade de quitar os nossos débitos através do serviço prestado aos nossos semelhantes. Abençoa todos os lares do mundo e permite que cada pessoa possa ter um momento que seja de lucidez, para compreender que somente através do amor venceremos as batalhas travadas dentro do nosso Ser, ainda em franco processo de evolução. Agradeço-te senhor porque posso sentir hoje e agora a força do amor que emana de ti e envolve a cada um de teus filhos, e que esse amor possa ser espalhado por todo o Universo.[35]

35 Livro *Paulo e Estevão*, de autoria de Emmanuel / Francisco Cândido Xavier.

28. Considerações finais

Qual seria o melhor parâmetro para avaliarmos se a conduta sexual de alguém se encontra saudável? A resposta é simples e se embasa nas palavras evangélicas de Jesus: "conhecerás a árvore pelo fruto". Se a pessoa se sente feliz e satisfeita e ao mesmo tempo promove a felicidade da pessoa que compartilha de sua intimidade, sem causar prejuízos a terceiros, isso seria o sinal de que a "árvore é boa".

De todos os centros de forças espirituais ou perispirituais, o plexo genésico ou sexual seria aquele mais acionado pelos mais diversos mecanismos de ação. Um deles, como força reprodutora e natural, que esteja sempre pronta a ser acionada, pois disso depende a reprodução da espécie, na instância mais básica das suas funções.

Afora a questão reprodutora, o sexo tem íntima relação com o prazer e as áreas cerebrais e mentais ditas de recompensa, e disso, curiosamente, resultam todas as situações de desequilíbrio de ordem física, espiritual, econômica e social que acometem a sociedade moderna, flagelando milhares de pessoas, levando-as à situação de penúria energética.

Uma vez adquirindo-se a consciência de suas necessidades no campo da sexualidade, a criatura humana dá o primeiro passo para planejar a sua jornada através das trilhas do autoconhecimento, que liberta de vez a pessoa para o equilíbrio da sua instância mais primitiva e, ao mesmo tempo, uma das mais importantes para a evolução integral do ser.

Para que tudo isso funcione de maneira harmônica, é necessário compreender que somente a junção de sexo, responsabilidade e compromisso irão proporcionar o equilíbrio e a paz necessária para que o indivíduo navegue nas turbulentas águas da existência humana, sem que a sua nau soçobre diante das inevitáveis intempéries.

FIM

Dados biográficos

Hugo Martins é médico daqueles com espírito científico e divulgador da doutrina espírita que sabe também se dedicar aos mais necessitados.

Possui graduação e Residência em Neurologia pela Universidade Federal de Pernambuco. Especialista em neurologia pela ABN – Academia Brasileira de Neurologia. Especialista em Psiquiatria pela ABP – Associação Brasileira de Psiquiatria. É mestre e doutor em Neurologia pela universidade Federal de Pernambuco. Membro titular da ABP e autor de vários artigos científicos em medicina.

Afeito a textos e artigos acadêmicos, e espírita por convicção cientifica.

Jamais imaginou que escreveria livros que não fossem técnicos, muito menos obras psicografadas. Em sua vida palestrou em diversos países e fundou alguns centros espíritas em Pernambuco.

Em 2017 publicou *Memórias de uma Preto Velho*. Livro que vai além do texto, – "É uma obra nascida da espiritualidade e que vem para contribuir com as desmistificações das comunicações mediúnicas", especialmente das que envolvem espíritos que apresentam-se como Pretos Velhos.

Em 2018 publica *Sexo e Tramas da Obsessão*. Obra que mostra como a falta de autoconhecimento é a origem de vários desencontros sexuais, e como a vivência no Evangelho de Cristo é capaz de desfazer as amarras que nos prendem aos caminhos mais primitivos.

SEXO E TRAMAS DA OBSESSÃO
foi confeccionado em impressão digital, em abril de 2021
Conhecimento Editorial Ltda
(19) 3451-5440 — conhecimento@edconhecimento.com.br
Impresso em Luxcream 80g - StoraEnso